Gabriele Haug-Schnabel
Umgang mit aggressivem Verhalten von Kindern

Gabriele Haug-Schnabel

Umgang mit aggressivem Verhalten von Kindern

Praxiskompetenz für Kitas

FREIBURG · BASEL · WIEN

Mit diesem Buch möchte ich allen Erzieherinnen und Erziehern danken, die uns bei Teambegleitungen, bei Verhaltensbeobachtungen in den Einrichtungen und bei der gemeinsamen Arbeit auf Fortbildungen immer wieder neu vor Augen führen, welche wichtigen Sozialisationsimpulse Kindertagesstätten bei der Konfliktbewältigung geben können.

Völlig überarbeitete Neuausgabe von Aggression bei Kindern
(4. Gesamtauflage)

© Verlag Herder GmbH, Freiburg im Breisgau 2020
Hermann-Herder-Str. 4, 79104 Freiburg
Alle Rechte vorbehalten
www.herder.de

Bei Fragen zur Produktsicherheit:
produktsicherheit@herder.de

Satz und Gesamtgestaltung: Röser MEDIA GmbH & Co. KG, Karlsruhe
Umschlagabbildung: © Praweena Pratchayakupt
Fotos im Innenteil auf den Seiten 9: © REHvolution.de - Photocase,
23: © davit85 - AdobeStock, 41: © Halfpoint - AdobeStock, 59: © b-fruchten - Photocase,
77: © StockPlanets - iStock - GettyImages, 89: © splendens - Istock - GettyImages,
107: © as_seen - Photocase, 113: © iulianvalentin - AdobeStock

Herstellung: PNB Print Ltd
Printed in Latvia

ISBN Print 978-3-451-38699-2
ISBN EBook (PDF) 978-3-451-81937-7
ISBN EBook (EPUB) 978-3-451-81936-0

Inhalt

Vorwort 7

1. **Ein neuer Blick auf herausforderndes Verhalten** 9
   1.1 Was stört Fachkräfte an einem Kind mit herausforderndem Verhalten? 10
   1.2 Entwicklungsstationen auf dem Weg zum Umgang mit Aggressionen 13
   1.3 Gestiegene Anforderungen an Kitas im Bereich Aggressionsprävention 17
   1.4 Kann man Frustrationstoleranz lernen? 19

2. **Gruppenfähig werden: Schritt für Schritt professionell begleitet** 23
   2.1 Wird es immer schlimmer mit Unfolgsamkeit und Aggressionen? 24
   2.2 Mitwachsenden Freiraum bieten und begleiten 30
   2.3 Das Thema Beißen ist in Kitas besonders gefürchtet 31
   2.4 Konfliktkommunikation setzt professionelle Kompetenz im Team voraus 34
   2.5 Von Streithähnen und Versöhnung 35
   2.6 Es gibt zu viele von Erwachsenen unbedacht initiierte Konflikte 36
   2.7 Spezialblick: Kita-Erfolg aus der Sicht der großen Kinder 38

3. **Aggressionsauslösende Situationen als Anreiz, über Veränderungsbedarf nachzudenken** 41
   3.1 Selbst entscheiden zu dürfen stabilisiert! 43
   3.2 Klare Freiräume und wenige wichtige Regeln 44
   3.3 Direkt beobachtbare Gründe für häufige Konflikte 48
   3.4 Immer Kooperation oder auch mal Konkurrenz? 50

4. **Aggressionsvermeidende Bildungsbegleitung – vor allem für Jungen?!** 59
   4.1 Vom pädagogischen Angebot zur professionell-individuellen Beantwortung 62
   4.2 Jungen geraten in den frühen Bildungsjahren öfter ins Hintertreffen 65
   4.3 Kita-Teams auf der Suche nach mehr Geschlechtersensibilität 68
   4.4 Gelangweilte Jungen!? 72

5. Konflikte zwischen Kindern: „Ich habe keinen Streit gewollt, ich wollte nur meinen Ball wieder!" 77
5.1 Konflikte zwischen Kindern sind Übungsfeld und entwicklungspsychologische Herausforderung 80
5.2 Ich bin ich – und dich kann ich jetzt gerade nicht brauchen 81

6. Sozialkompetent wird kein Kind von allein 89
6.1 Eine Eingewöhnung kann tatsächlich ein die Resilienz steigerndes Erlebnis sein 91
6.2 Sorgen um „zu wenig oder nicht gesehene Kinder" in den Kitas 95
6.3 Resilienzförderung setzt eine achtsam-aufmerksame Begleitung voraus 98

7. Was brauchen große Kinder an Regulationshilfe? 107
7.1 Wie kommunizieren Fachkräfte eine gute Konfliktbegleitung? 109
7.2 Aggressives Verhalten fordert uns Erwachsene heraus 110

8. Von Teams für Teams: Eine professionelle Begleitung aggressiven Verhaltens 113
Aggressives Verhalten hat immer einen Grund 114
Worte finden in schwierigen Situationen 115
„Knallstellen" und „Knallzeiten" im Blick haben 115
Verantwortung übertragen und Entscheidungen überlassen 115
Kindern liegt etwas an der Beziehung zu Gleichaltrigen 116
Die Entwicklung eines gesunden Selbstwertgefühls unterstützen 117

Literatur 119

Vorwort

Das Thema Aggressionen ist seit Anbeginn ein Dauerbrenner in Kindergärten und, seit es in Westdeutschland eine substanzielle Zahl an Kinderkrippen gibt, auch dort – vor allem durch das Angstthema Beißen für die Altersgruppe unter drei. Neu ist allerdings die Sichtweise auf aggressives Verhalten, die auch in einer häufig anzutreffenden, veränderten Begrifflichkeit deutlich wird: Statt von aggressivem Verhalten wird in der Pädagogik zunehmend von herausforderndem Verhalten gesprochen.

Damit wird der Blick mehr auf die Konsequenzen von Konflikten und Aggressionen im Alltag gelegt und auf den passenden Umgang durch die pädagogischen Fachkräfte als auf das sichtbare – für die meisten Außenstehenden eher unangenehme – Verhaltensmuster eines aggressiven Kindes. Die Konnotation und damit auch der pädagogische Zugang verändern sich!

Der Begriff herausforderndes Verhalten bietet die professionelle Möglichkeit, die negativen Zuschreibungen von Aggression differenziert aufzulösen und neue Zugänge zu den meist gestressten Kindern zu schaffen. Dieser professionelle Blick ermöglicht differenzierte Zugänge: Nicht nur aggressives Verhalten fordert heraus, sondern auch sozialer Rückzug, Ängstlichkeit und Konzentrationsstörungen müssen im Blick der Fachkräfte sein.

> **Aggression:** Aggression oder aggressives Verhalten ist die Bezeichnung für eine Vielzahl von Verhaltensweisen, bei denen ein Gegenspieler zu einer Verhaltensänderung gezwungen werden soll. Der Aggression liegt ein Konflikt zwischen Individuen oder Gruppen, die miteinander – gleichzeitig – unvereinbare Ziele verfolgen, zugrunde. Aggressivität ist die angeborene Bereitschaft zur gegnerischen Auseinandersetzung. Das subjektive Empfinden bei Aggression ist die Wut, die durch das limbische System vermittelt wird. Aggression und Aggressivität werden in der Verhaltensbiologie – anders als in der Psychologie – ohne Wertung verwendet, das heißt, ohne eine beabsichtigte Schädigung des Gegners von vornherein einzukalkulieren.
>
> **Herausforderndes Verhalten:** Dabei handelt es sich um den Überbegriff für kindliche Verhaltensweisen wie aggressives Verhalten, Aufmerksamkeitsprobleme, sozialer Rückzug und motorische Unruhe, durch die sich pädagogische Fachkräfte und Lehrkräfte im Alltag zunehmend belastet fühlen, da sie situationsabhängige Handlungskompetenz von ihnen verlangen

Das vorliegende Buch konzentriert sich darauf, besser zu verstehen, worin die unterschiedlichen Herausforderungen im Alltag der Fachkräfte liegen, wie eine passende Begleitung von Konflikten und aggressiven Handlungen aussehen kann und wie ausschlaggebend fundiertes entwicklungspsychologisches Wissen für Verständnis und externe Regulationshilfe der Kinder ist.

Wichtig ist auch, in der Begleitung herausfordernder Szenen sichtbar zu machen, dass aggressives Auftreten keineswegs immer „falsch" und zu vermeiden ist. Wut und Zorn sind Bestandteile des kindlichen Gefühlskatalogs und haben ihre Berechtigung, etwa wenn es darum geht, für sich und andere einzustehen und zu seinem Recht zu kommen. Manchmal ist gerade die Abwesenheit berechtigter Wutäußerungen das eigentliche Problem, da ruhige Kinder im Gruppengeschehen gerne übersehen werden, weil ihr Verhalten der Aufmerksamkeit nicht wert zu sein scheint.

Was allerdings gelernt werden muss, sind der adäquate Umgang und die Regulation von Wut und Frustration, um aus Streit und Konflikten mit dem Gefühl gesteigerter Konfliktlösekompetenz hervorzugehen statt mit dem Gefühl von Unterlegenheit oder eigentlich nicht verdientem Triumph. Hierfür brauchen die Kinder, insbesondere Unterdreijährige, professionelle Konfliktbegleiterinnen und -begleiter, die sich nicht vor Konflikten scheuen, sondern diese als wertvolle Lernchance begreifen.

Die Hauptbotschaft des Buches ist, dass der Umgang mit aggressivem Verhalten nicht bei der Begleitung des aggressiven Kindes beginnt und dort endet, sondern vor allem auch die Einstellung der Fachkräfte zum Thema Aggression und die professionelle Auseinandersetzung mit möglicherweise aggressionsfördernden Vorgaben und unreflektierten Gewohnheiten – für alle Kinder gleich – in den Blick zu nehmen sind.

1.
Ein neuer Blick auf herausforderndes Verhalten

> „Es ist so anstrengend, immer ´wachsam´ sein zu müssen. Eigentlich läuft heute alles gut, aber bei Simon müssen wir immer damit rechnen, dass es zu Streit, wenn nicht sogar zu Chaos kommt und all unsere heutigen Pläne für besondere Angebote umsonst waren."

Wie muss die Begleitung sogenannter herausfordernder Kinder aussehen? Denn es darf nicht nur um Regeln, sondern muss auch um klug gestaltete Freiräume gehen!

1.1 Was stört Fachkräfte an einem Kind mit herausforderndem Verhalten?

Hier einige „Originalkommentare" von pädagogischen Fachkräften zu einem Kind mit herausforderndem Verhalten:
- Es fällt jedem, den Eltern, Besuchern und den Kindern, sofort auf.
- Es tanzt „immer" aus der Reihe!
- Es kann sich nur schwer, oft mit Widerstand, an veränderte Situationen anpassen.
- Es bringt „immer und überall" Sand ins Getriebe!
- Es fordert uns täglich heraus!
- Es stört das Spiel anderer Kinder.
- Es kann nur selten auf die Ideen und Vorschläge der anderen eingehen. Es ist so anstrengend! Ja, wir atmen auf, wenn das Kind mal nicht da ist.

Ein aggressives Kind oder sogar mehrere sich häufig streitende und frustriert beschwerende Kinder, aber auch unerwartet ausrastende Mädchen oder Jungen brauchen „über den Tag" eine professionelle Assistenz durch pädagogische Fachkräfte. Das bedeutet für das Team, einen jeweils individuellen Blick auf die aktuelle Spielsituation zu richten. Aufmerksamkeit für die am kritischen Geschehen beteiligten Kontrahenten ist nötig. Und man muss überlegen, was die Ursache oder Anlässe für zunehmende Unruhe und Spielstörung waren, die jederzeit wieder zu einer aggressiven Eskalation führen können.

Fachkräfte in professionellen Teams stellen sich im Hinblick auf Aggressionsabbau immer wieder die berechtigte Frage, ob es in ihrer Einrichtung (ihren Gruppen oder Funktionsbereichen) für alle Kinder wirklich genug Vielfältiges zu denken und zu tun gibt, mal allein, mal in der Kleingruppe oder mal alle zusammen mit einer gemeinsamen Aufgabenstellung.
Es geht hier bereits früh um vielfältige Möglichkeiten zum vertieften Nach- und Weiterdenken, aber auch um die teaminterne Kontrolle, ob die kognitiven, sozialen, künstlerischen und motorischen Anforderungen mit den älter werdenden Kindern auch wirklich mitwach-

sen, weil sonst Langeweile und Unlust und möglicherweise daraus entstehende Aggressionen drohen.

Um dies zu überprüfen, werden zunehmend Expertinnen und Experten „von außen" in die Einrichtungen geholt, die nach ein oder zwei Beobachtungstagen bei laufendem Betrieb und deren Auswertung aufzeigen können, wo die **Denkstellen** (hier gibt es Vielfältiges zum Überlegen und gemeinsam Durchdenken), wo die **Tankstellen** und wo die **Knallstellen** in der Einrichtung sind. An den Tankstellen können Kinder Kraft tanken und neue Ideen finden. An den Knallstellen passiert zu wenig, und wenn es an Denkfutter fehlt, wird alles schnell langweilig, was sich dann an den gehäuft auftretenden Konflikten nachweisen lässt.

Inzwischen wird auch in den Teams überlegt, ob nicht ein Teil der beobachteten Aggressionen daran liegen könnte, dass einige Kinder durch das Gruppengeschehen überfordert sind und aus ihrer Not heraus – alle Vorgaben und Regeln missachtend – unbeherrscht agieren und aggressiv reagieren.

Für alle aggressiven Auseinandersetzungen gilt es, zu verstehen, weshalb es zum Zerwürfnis kam, was für wen zum Problem wurde, wie diese Situation hätte verhindert werden können und wie eine professionelle Lösung jetzt aussehen könnte. Inzwischen arbeiten erfreulich viele Teams an einer Art Blickschulung für mehr individuelle Lösungen. Die erste Hürde ist immer die Frage, ob individuelle Lösungen („Extrawürste") in einer Gruppenpädagogik überhaupt machbar und wie schnell umsetzbar sind.

Der Wutanfall eines Kindes vertreibt uns aus unserer Komfortzone

Ein Wutanfall startet und nimmt Fahrt auf. Sofort werden wir unsicher, haben Angst vor Überforderung, befürchten, an unsere eigenen Grenzen zu stoßen, womöglich die Kontrolle über die Gesamtsituation zu verlieren und unter Druck nicht mehr professionell handeln zu können. Womöglich ungerecht werden? Keine Fachkraft will vor den Kindern und auch nicht vor den Kolleginnen und Kollegen verunsichert oder gar schwach wirken; niemand will voreilig streng eingreifen und dann womöglich zurückrudern müssen, weil sich die Sache schließlich doch anders darstellt.

Die Kindheitspädagogin Petra Evanschitzky (2017, 2019) bringt die Problematik in ihren Vorträgen und Texten auf den Punkt: Alles, was ein Kind tut, tut es in guter Absicht – für sich selbst! Und genau das stört Erwachsene, auch pädagogische Fachkräfte, an einem wütenden Kind. Denn es fordert sie vor den Augen aller anderen heraus, indem das Kind die Erwachsenen durch sein nicht akzeptables Handeln zum schnellen Agieren zwingt.

Gerade in angespannten Situationen kann ein aggressiver Konflikt pädagogische Fachkräfte unprofessionell reagieren lassen. Eine derartige Herausforderung treibt sie aus ihrer

Komfortzone, lässt ihnen keine Zeit, in aller Ruhe zu überlegen, sondern zwingt sie, sofort zu reagieren, womöglich über ihre gewohnten Grenzen zu gehen.

Allen Fachkräften ist bewusst, dass kein Kind aus seiner Sicht grundlos aggressiv wird, auch wenn sie die aktuellen Auslöser, den Anlass für seine heftige Reaktion oder Verweigerung noch nicht erkannt haben. Es gibt immer einen Grund auszurasten, meist hat er bereits eine längere Vorgeschichte.

Deshalb lohnt es sich, im Team stets über mögliche Gründe auffallend herausfordernden Verhaltens einzelner Kinder nachzudenken. Hierzu eignet sich eine regelmäßige beobachtungsbasierte Überprüfung der Weiterentwicklungschancen aller Kinder. Diese Chancen müssen für unterschiedliche Mädchen, sich deutlich unterscheidende Jungen und auch für spezialisierte Kleingruppen im pädagogischen Alltag präsent sein. Folgende Fragen können dabei unterstützen:
- Kennen wir die aktuellen Themen einzelner Kinder?
- Wissen wir, an welchen Fragen sie gerade arbeiten, worauf sie selbst Antworten finden möchten?
- Wie könnten die Spielumgebungen, Bereiche und Werkstätten anregungsreicher gestaltet werden, damit alle Kinder an dem weiterdenken können, was sie gerade interessiert, und die sie erforschen und ausprobieren möchten?

Nur beobachtungsgeschulte Fachkräfte erkennen langweilig gewordene Spielbereiche und Irritationen, die durch zu viele Unterbrechungen im Tagesablauf oder überfüllte Räume entstehen und durch gehäufte Aggressionsanlässe sichtbar werden. Für das Aggressionsverständnis und um die Bedeutung von Auseinandersetzungen zu erkennen, ist es wichtig, sich vor Augen zu halten, dass Konflikte Teil und nicht der Gegensatz einer Kooperation sind! Denn hier versucht ein Kind, auf einen ihm wichtigen Sachverhalt hinzuweisen.

> **Der (Forschungs-)Blick auf einen Konflikt** eines Erwachsenen mit einem Kind oder zwischen Kindern hat sich in den letzten 20 Jahren vor allem in Europa verändert:
> - Ziel der Pädagogik ist keineswegs, jeden Konflikt zwischen Kindern zu vermeiden, sondern ihn von Anfang an professionell zu begleiten.
> - Alle Gefühle werden wahrgenommen und dürfen klar benannt werden; aber nicht alle aus diesen Impulsen entstehenden Handlungen werden akzeptiert.
> - Wie kommt es zu auffällig vielen aggressiven Handlungen? Warum scheinen sie im Gruppenalltag „nötig" zu sein?
> - Es geht in Kitas um frühes Konflikthandling, um die Förderung sozialer Intelligenz.
> - „Heute mal kein Streit" ist deshalb kein professionelles Tagesziel, denn Konflikte sind bildungsrelevante Interaktionen.
> - Konfliktbegleitung wird als pädagogische Aufgabe von hoher Verantwortung für den weiteren Entwicklungsverlauf des Kindes gesehen.

Negative Gefühle und emotionale Äußerungen wie Wut oder Trotz haben ihre Berechtigung und sind sogar wichtig, um altersgemäß anstehende Sozialisationsaufgaben bewältigen zu können. Es sollte für jedes Kind möglichst viele Erwachsene geben, denen es gelingt, ihm zu zeigen, dass seine momentane Wut oder seine aktuelle Enttäuschung durchaus nachvollziehbar ist. Und dass selbstverständlich auch nach einer für alle akzeptablen Lösung gesucht werden muss, aber dies alles dennoch kein Grund ist, ein anderes Kind aggressiv anzugehen, zu beschimpfen oder zu schlagen. Ein Kind braucht Modelle für gute Lösungen, denn nur dann kann es lernen, auf sozial verträgliche Art mit Enttäuschung klarzukommen, aber gleichzeitig – wichtig für seine Konfliktkompetenz und Selbstwirksamkeit – auch erfahren, dass es das Recht hat, seine Meinung zu sagen und Unterstützung für sein Vorhaben zu erhalten.

Mit Wut umgehen zu lernen und frustrierende Situationen im Gruppengeschehen ertragen zu können sind große Herausforderungen und für das Zusammenleben mit anderen so wichtig, dass sie – von Anfang an – professionell begleitet werden müssen:
▶ entsprechend dem Alter und individuellen Entwicklungsstand der Kinder,
▶ durch die Familienmitglieder zuhause und die pädagogischen Fachkräfte in der außerfamiliären Betreuung,
▶ im Hinblick auf viele alltägliche Erfahrungen.
▶ Denn: Kein Kind wird aus Jux und Tollerei – also grundlos – aggressiv!

1.2 Entwicklungsstationen auf dem Weg zum Umgang mit Aggressionen

Die emotionale Entwicklung eines Kindes hängt von vielen Faktoren ab. Maßgeblich sind die genetischen Voraussetzungen des Kindes, der Umgang seiner Bezugspersonen mit ihm, sein Entwicklungsalter und seine Lebenswelt, die viele unterschiedliche Regulationsmodelle bietet (Haug-Schnabel & Bensel 2017a).

Das ist am eindrücklichsten bei Säuglingen zu sehen. Sie können sich noch nicht allein beruhigen, sie brauchen tröstende Regulationshilfe durch ihre Bezugspersonen. Babys können nicht warten! Allein schon deshalb, weil sie noch keine Zeitvorstellung für Wartemomente haben und außerdem noch zu wenige beruhigende Erfahrungen mit eigener Selbstregulationsfähigkeit gemacht haben.

Welche entwicklungspsychologischen Voraussetzungen müssen gegeben sein, damit ein Kind mit frustrierenden und anderen Aggressionen auslösenden Situationen umzugehen lernt?

Über die anfängliche **Gefühlsansteckung**, die häufig zu beobachten ist, wenn ein zunächst nicht selbst betroffenes Kleinstkind in unmittelbarer Nähe von weinenden Gleichaltrigen ebenfalls zu weinen beginnt, ist viel geforscht worden. In dieser Situation lassen sich die meisten anderen Babys anstecken und weinen grundlos mit, da es in offensichtlich verunsichernden Situationen wichtig ist, seine Bindungs- und Bezugspersonen dadurch aufzufordern, schnell herbeizukommen.

Der nächste Schritt hin zur echten **Empathie** bedeutet nicht nur, die Unsicherheitsgefühle der anderen Kinder wahrzunehmen, diese richtig einordnen zu können – und zwar unabhängig vom eigenen Befinden –, sondern ist zugleich Ausdruck der Entwicklung des Ich-Bewusstseins: eine bedeutsame Etappe auf dem spannenden Weg zur Autonomie, zur Selbstständigkeit im Denken und Handeln. Ein Kind kann jetzt sein Verhalten, unabhängig von seinem eigenen Befinden, auf die Bedürfnisse anderer ausrichten.

Mit dem Entstehen des **Ich-Bewusstseins** (zwischen 18 und 24 Monaten) erkämpft sich ein Kind immer mehr Wissen, Kenntnisse, Fähigkeiten und vor allem Freiräume – auch gegen Widerstände. Das „Ich will" wird zum Selbstzweck. Alles, was das Kind nun glaubt, selbst zu können, möchte es auch gegen Widerstände („trotzig") am liebsten allein machen. Falls dies nicht klappt, ist es untröstlich und wird nicht so schnell aufgeben, es wieder zu versuchen.

„Alleine!" etwas zu tun ist das dominierende Entwicklungsthema von Eineinhalb- und insbesondere Zweijährigen. Das Wort „alleine" steht für den eingeforderten Willen, die Welt zu erobern, und zwar mit so wenig Hilfe wie möglich. Typische Autonomiekonflikte können nun mehrmals täglich entbrennen – auch situationsübergreifend.

Der Grund hierfür ist der bedeutende Entwicklungsschritt, dass das Kind sich jetzt seiner Handlungsabsicht und seines Handlungsziels bewusst wird und diese auch gegen vehemente Widerstände durchsetzen will.

Jetzt kann ein Kind etwas ganz unbedingt machen oder haben wollen. Es kann aber auch etwas genauso nicht wollen, wie es die Erwachsenen vorgesehen haben. Das Kind kann etwas machen oder haben wollen, was es nicht darf, oder, besonders schlimm, was es allein einfach noch nicht kann – eine Tatsache, die das Kind totunglücklich macht.

In diesem Alter, auf diesem Entwicklungsstand agieren gerade motorisch aktive und ideenreiche Kinder immer nahe ihrer Überlastungsgrenze. Ihr „Höher-schneller-weiter-Wunsch" passt nicht zu vielen Vorstellungen der Erwachsenen und den von ihnen aufgestellten Regeln. Und das verkraftet das Kind mit seiner erst startenden Emotionskontrolle noch nicht. Jetzt braucht es eine liebevoll haltende, aber klare Unterstützung vonseiten aller Erwachsenen.

Wir sprechen vom Trotzalter, dem unausweichlichen Begleiter der Autonomieentwicklung jedes Kindes (siehe dazu auch Seite 81ff.). Mit dem Wort „Trotz" werden Verhaltensweisen zusammengefasst, die Zeichen eines massiven Widerstandes gegenüber Anforderungen, Anweisungen oder nur Vorschlägen anderer sind und in Folge der beginnenden Autonomieentwicklung nun einige Zeit lang mehrmals täglich auftreten können.

Das eigene Scheitern bei dem unbedingt gewollten Vorhaben, genauso aber auch die Konfrontation mit einem Verbot überfordern das kindliche Bewältigungsvermögen und seine Compliance so stark, dass das Kind kurzfristig einen körperlichen und psychischen Zusammenbruch erlebt. Es wieder und wieder zu versuchen ist typisch und lässt Kinder in diesem Alter ob ihrer mehrmals erlebten „Unfähigkeit" verzweifeln. Jetzt müssen die Erwachsenen das Kind unterstützen und trösten, damit es sich beruhigen kann.

Da Ein- und Zweijährige aufgrund fehlender Erfahrung auch bei wiederholten Versuchen nach einem starren Muster vorgehen, ist die Verzweiflung über die zu erwartenden weiteren Misserfolge groß. Diese Altersgruppe kann ihr Tun noch nicht an nötige Veränderungen beim Ablauf anpassen wie auch in Erregung noch nicht auf die Vorschläge anderer eingehen. Das Kind braucht Halt. Jetzt hilft nur trösten und beruhigen. Die kindliche Vorstellungskapazität reicht für einen alternativen Handlungsverlauf nicht aus. Noch fehlt es dem Kind an der dafür ausreichenden Frustrationstoleranz.

Diese Situation kann sich mit zunehmendem Alter individuell unterschiedlich schnell entspannen, denn zunehmende Sprachfähigkeit geht mit steigender Frustrationstoleranz einher. Sobald ein Kind seine Absicht, seinen Wunsch, seine Ablehnung, aber auch seine Verzweiflung verständlich kommunizieren kann, kann es seine Gefühle anders äußern, zum Beispiel auf seine Not aufmerksam machen und so sein Anliegen benennen – in der Hoffnung, Unterstützung zu bekommen und gemeinsam eine akzeptable Lösung zu finden.

Voraussetzung ist eine unterstützende Entwicklungsbegleitung

Um mit Aggression und Frustrationen umgehen zu lernen, bedarf es einer unterstützenden Entwicklungsbegleitung. Jedes Kind muss in seinen ersten Lebensjahren lernen, auch einmal zu warten oder sein Vorhaben zu verschieben oder umzuplanen. Es gibt sogar Wünsche, die einfach nicht zu erfüllen sind – ganz normale Situationen, die verkraftet werden müssen.

Für Betreuungssituationen in Krippen, Kitas oder in der Tagespflege ist es typisch, dass ein Kind zeitgleich dasselbe machen oder haben möchte, wie ein anderes Kind – und zwar meist sofort!

In diesen für alle Beteiligten anspruchsvollen Situationen ist zuhause, aber vor allem außer Haus eine gute „Konfliktassistenz" nötig und für den weiteren Entwicklungsverlauf wichtig: „Stör bitte Alma nicht, lass sie zuerst ihr Spiel fertig machen, dann bist du an der Reihe. Dann kannst du auch mit den Kugeln spielen. Und ich passe auf, dass du dann auch in aller Ruhe spielen kannst!"

Konfliktassistenz ist auch deshalb notwendig, weil die meisten Kinder ab etwa zwei Jahren ihre Wünsche und Absichten benennen können, es aber noch bis zu einem Jahr dauern kann und vielfältige soziale Unterstützung braucht, bevor Mädchen und Jungen in diesem Entwicklungsabschnitt merken und darauf achten, dass sich ihre Vorstellungen von denen der anderen Kinder deutlich unterscheiden können. Das bedeutet, dass es eigentlich immer mindestens zwei Ideen, zwei Wünsche, zwei Pläne oder zwei Absichten geben kann, die berücksichtigen werden müssen, wenn es gemeinsam und für alle Beteiligten genussvoll im Spiel weitergehen soll.

Zwischen drei und vier Jahren können Kinder feststellen, dass eine Person sich unerwartet verhält, weil ihr wichtige und zum Verständnis nötige Informationen fehlen. Viele Kinder schlussfolgern aber erst etwa ein Jahre später, dass diese Person aufgrund der ihr fehlenden Informationen von einer völlig anderen Sachlage und somit einer falsch eingeschätzten Ausgangssituation ausgehen wird und sich vielleicht wundert oder gar „unpassend" verhält.

Ein nächster Gedankenschritt folgt jetzt für das Kind: Man muss die Person über ihre Fehleinschätzung der Situation informieren, wenn das Geschehen für alle Beteiligten stimmig weitergehen und das gemeinsame Ziel erreicht werden soll.

Um eine Situation zu klären, von der zwei Kinder zwei unterschiedliche, sich sogar widersprechende Vorstellungen haben, müssen die Fachkräfte differenziert benennen können, was jedes Kind an Ideen und Vorinformationen hatte. Denn von diesen ausgehend, werden die Kinder unterschiedliche – vielleicht sogar widersprüchliche – Erwartungen an das jeweils andere Kind haben.

Die Erwachsenen müssen hier **Übersetzungshilfe** anbieten:
▶ Wie fühlt sich das andere Kind gerade?
▶ Was geht in ihm vor?
▶ Was versteht es nicht?
▶ Was glaubt es, das passiert ist?
▶ Was möchte oder erwartet es?
▶ Was ist sein Ziel?
▶ Was befürchtet es?
▶ Was denkt es im Moment?
▶ Was kann es gar nicht wissen?
▶ etc.

Oft geht es hier nicht nur um Übersetzungshilfe, sondern auch um **Emotionsspiegelung:**
▶ Was fühlt das andere Kind gerade?
▶ Auf was hofft es?
▶ etc.

Wir sprechen dann von einer **echten Spiegelung einer stimmig erlebten Beziehungsrealität,** wenn Gefühle und Wahrnehmungen der Kinder einfühlsam erfasst und sprachlich passend wiedergegeben werden. Dabei wird auch das gesamte Repertoire an Erfahrungen und Emotionen ins zwischenmenschliche Erleben eingeschlossen, alles angesprochen und nichts ausgeklammert, auch nicht Wut oder Verzweiflung:
▶ Sind die kindlichen Aushandlungskompetenzen erschöpft und droht Verzweiflung?
▶ Dann muss ein Erwachsener für die jeweiligen Gefühle und Bedürfnisse der Kinder Worte finden,
▶ dabei die Sichtweise der Kinder einnehmen und darstellen,
▶ ihnen Beruhigung und Trost gewähren,

- auf eine für alle zufriedenstellende Lösung hinarbeiten oder Alternativen anbieten,
- eine Situation schaffen, damit nicht der Konflikt, sondern die erreichte Verständigung, die Chance weiterzuspielen, im Gedächtnis bleibt!

Frühe Partizipationserfahrungen, Teilhabe in unterschiedlichen Bereichen zu erleben, unterstützen den emotionalen Entwicklungsverlauf. An vielen Situationen partizipieren zu dürfen, nicht nur dabei sein, sondern auch aktiv mitmachen zu können, scheint einem Kind zu vermitteln: Sie trauen mir etwas zu. Ich kann schon!

Die Anforderungen an Kitas haben sich verändert: So ist es ist in professionellen Einrichtungen selbstverständlich geworden, dass Kinder sich mit ihren selbst gestellten Aufgaben auseinandersetzen können, notfalls Hilfestellung bekommen – Situationen, die sie ihre emotional-kognitive Balance erleben lassen.

1.3 Gestiegene Anforderungen an Kitas im Bereich Aggressionsprävention

Eine professionell durchdachte Begleitung von Alltagssituationen dient der Aggressionsvermeidung. Es gibt **aggressionsvermeidende Elemente**, die in einer Gruppenpädagogik zu bedenken und im Alltag umzusetzen sind. Dazu zählen zum Beispiel:

- Am Morgen **eine vorbereitete Umgebung vorfinden,** zum Beispiel im Baubereich ein „angespieltes Szenario", das an die Transportideen von gestern erinnert und gleichzeitig neue Anregungen zum Weiterspielen bietet (ein Pferdefuhrwerk neben einem Ferrari oder ein Grundrissplan eines Stadtviertels mit kleinen Autos auf den Straßen oder vor der Ampel etc.).
- **Impulse geben, die zum Weiterdenken anregen** und Verunsicherungen nach dem Weltenwechsel „von Zuhause in die Kita" mindern. Das Kind eine interessierte professionelle Begleitung erleben lassen.
- In Kleingruppen mit einer Fachkraft **Spaziergänge durch die Einrichtung machen,** um festzustellen, ob Leo wieder gesund ist, bei den Bären schon vorgelesen wird oder vielleicht das Außengelände bereits geöffnet ist.
- **Eigene Fortschritte erleben** dürfen, zum Beispiel aufzählen können, was ich seit letzter Woche Neues kann, ausprobiere oder mir überlegt habe. Saffi (knapp 3 Jahre alt) bittet seine Erzieherin: „Schreib in mein Porto, dass ich seit heute von der Werkstatt gleich in unser Zimmer finde und nicht immer erst in den Garten und dann von hinten rein zu den Wichteln laufen muss."
    → eigene Lernziele haben
    → seine Fortschritte selbst wahrnehmen
    → sich allein orientieren können
    → selbstständig zurechtkommen

Wie können Konfliktgespräche gelingen?

Beobachtungsergebnisse sprechen dafür, dass schon Kleinstkinder, die an vielen Aktionen partizipieren, sehr schnell verstehen, dass sie zu einem tollen Spiel, aber auch zu einem Missgeschick beigetragen haben oder an der Entstehung eines Konfliktes beteiligt gewesen sein können. Diese Kinder hören besonders interessiert zu, wenn es um Problemlösung geht, und beteiligen sich auch bereits daran, Lösungen zu finden, damit ein anderer nicht mehr weinen muss und weitergespielt werden kann:

- Und was machen wir jetzt?
- Wie lösen wir unser Problem?

Der Blick nach vorne gelingt besser, wenn nicht Überlegungen wie „Wer ist schuldig – wer ist unschuldig?" im Vordergrund stehen, sondern die Aufgabe lautet: Was für ein schwieriges Problem! Wer hat eine Idee, wie wir es lösen können? Auch am Konflikt nicht beteiligte Kinder sind in der Lage, hier gute Ideen zu entwickeln. Sie können sich auch bereits überlegen, wie und was sie selbst zur Lösung des Problems beitragen können.

> Die Chance, ihre Probleme selbst zu lösen, sollte man Kindern immer geben. Dazu einige Zitate aus begleiteten „Streitgesprächen":
> - Das ist schwierig! Was wollt ihr denn jetzt machen?
> - Wer hat eine Idee, wie man das Problem lösen könnte?
> - Ich könnte mir vorstellen, dass Janis mit Niks Idee einverstanden ist. Janis, was meinst du dazu?
> - Nele und du hattet doch vereinbart, dass ihr das zusammen macht. War das keine gute Idee?

Erwachsene müssen dolmetschen und die jeweilige Selbstwahrnehmung des Kindes, die von der Fremdwahrnehmung in herausfordernden Situationen völlig abweichen kann, benennen. Das bedeutet für die pädagogischen Fachkräfte, Gefühle, Stimmungen und Gedanken aller ins Geschehen involvierter Kinder einfühlsam zu erfassen, zu reflektieren und sprachlich zu begleiten.

Und das heißt auch, Stimmungen bei sich selbst durch Worte wiedererkennbar zu machen, sie also sprachlich einzuordnen, um die Erinnerung daran in anderen Situationen zu erleichtern – eine wichtige Voraussetzung für beginnende Sozialkompetenz.

> Durch achtsamen Umgang miteinander können unnötige Frustrationen vermieden werden. Dreier und Preissing (2004) sprechen in diesem Zusammenhang von der **Pädagogik des Innehaltens**: Erwachsene sollten sich – so oft wie möglich – zurücknehmen und beobachtend teilhaben an den Aufgabestellungen, Problemlösestrate-

> gien und Lernfortschritte des Kindes. Hier geht es letztendlich darum, eine gute Balance zu finden zwischen Gewährenlassen und Eingreifen, zwischen Selbst-Herausfinden-lassen und dem Aufzeigen von Lösungswegen, zwischen dem Anbieten emotionaler Sicherheit und dem Erkennen, Ermutigen und Unterstützen kindlicher Autonomiebestrebungen und individueller Lernwege.

Dabei ist es wichtig, so wenig wie möglich in das kindliche Tun einzugreifen. Jedes Eingreifen unterbricht und stört die dem Kind eigene Vorgehensweise. Das Kind kennt die Überlegenheit des Erwachsenen und vertraut ihm. So wird es sein Tun unterbrechen und seine eigenen Lösungsideen zurückstellen. Dadurch geht ihm aber die Chance verloren, selbst eine Lösung zu finden und das Ergebnis oder den Erfolg der eigenen Kompetenz zuzuschreiben. Das ist schade, denn Gefühle von Inkompetenz machen unglücklich. Das Gefühl, eine Situation nicht in den Griff zu bekommen, frustriert, irritiert und kann Aggressionen aus Verunsicherung wecken.

Das Kind übergibt die Aufgabe und damit auch die Verantwortung für den bereits angedachten Handlungsverlauf dem Erwachsenen. Weicht dann aber das Ergebnis von der kindlichen Vorstellung ab, reagiert das Kind unleidlich, weil es frustriert ist, während ein selbst bewirktes, unerwartetes Ende von ihm kaum als Scheitern eingestuft wird und eher selten zu emotionalen Turbulenzen aufgrund von Frustration führt.

1.4 Kann man Frustrationstoleranz lernen?

Wie kann man Frustrationstoleranz erwerben? Eines ist sicher: Wer häufig Selbstwirksamkeit erlebt, nimmt Frustrationen leichter. Schon in Krippe und Kindergarten ist ein gutes **Beschwerde-Management** wichtig, um sagen zu dürfen,
- was nicht stimmt, was nicht gut ist,
- was nicht passt,
- was ungerecht ist,
- was wehtut und Angst macht,
- was überfordert,
- was keinen Spaß macht.

Zu merken, dass man eine Stimme hat, ist eine frühe wichtige Erfahrung von Win-win-Situationen. Jedes Kind muss Unterstützung bekommen, sein Anliegen auszudrücken. Dazu gehört auch, Vereinbarungen zu treffen, und was möglich ist, sollte auch möglich gemacht werden. Und was (gerade) nicht geht, muss erklärt werden.

Je früher Kinder diese Erfahrungen machen, desto eher erhöht sich auch ihre Frustrationstoleranz. Auch die Bereitschaft, Lösungsvorschläge zu durchdenken und einen davon zu akzeptieren, steigt, da jedes Kind auf diese Weise seine wachsende Selbstwirksamkeit spürt.

> Das Kind lernt: Ich, mein Tun und meine Wünsche werden beachtet, auf meine Sachen wird geachtet.
> ▶ „Hört mal alle zu, Arno hatte eine gute Idee!"
> ▶ „Das ist der Korb von Lisette, kannst du ihn ihr bitte über den Tisch reichen?"
> ▶ „Vorsicht, da steht der Turm von Timo! Fahrt bitte in weitem Bogen um ihn herum!"
> ▶ „Fabian geht es heute nicht so gut, nehmt ihr bitte alle Rücksicht auf ihn?"

So wird die Kita aus der Sicht des Kindes ein Platz zum Wachsen: „Ich kann jeden Tag mehr!" Diese Erfahrung muss ein Kind täglich machen und seine Fortschritte aufzählen können, denn es ist – wenn es gut angekommen ist – immer auf der Suche nach neuen Erfahrungen!

Die **Emotionsforschung** beobachtet, was es für ein Kind bedeutet, etwas selbst entscheiden zu dürfen und eine Wahl zu haben, zum Beispiel sich zurückziehen oder seinen Bewegungsdrang spontan ausleben zu dürfen. Das sind Belohnungsmomente, die glücklich machen, zusätzlich die Kooperationsbereitschaft erhöhen und Stress reduzieren.

> Professionalität zeigt sich an individuellen Lösungen in der Gruppenpädagogik, in diesem Beispiel an der professionellen Unterstützung der Selbstregulationsfähigkeiten:
> Es macht einen Unterschied für den Morgenstart, ob ein Kind
> ▶ mit dem Auto gebracht wurde,
> ▶ mit dem Laufrad zum Kindergarten kam,
> ▶ erst vor Kurzem geweckt und schnell angezogen wurde,
> ▶ vor der Kita schon zwei Stunden Familienleben hinter sich hat
> ▶ oder Mama bereits zu ihrer Putzstelle begleitet hat ...
>
> All diese unterschiedlichen Situationen wirken sich auf die emotionale Verfassung eines Kindes aus und brauchen zur Emotionsregulation eine tagesaktuell sensible Beantwortung. Mit möglichst individuellen Angeboten starten bedeutet hier, unnötig verunsichernde Herausforderungen beim Morgenstart zu vermeiden.
>
> Es macht einen Unterschied für den Morgenstart, ob ein Kind
> ▶ zuhause noch nicht gefrühstückt hat,
> ▶ im Bett bereits seine Flasche Milch getrunken hat,
> ▶ mit Mama und Papa in Ruhe gefrühstückt hat,

1.4 Kann man Frustrationstoleranz lernen?

- zusammen mit seiner Mama für das Familienfrühstück daheim indische Kartoffeltaschen gebacken hat,
- sich beim Bäcker ein Teilchen auswählen und schon auf dem Weg zur Kita essen durfte …

All diese unterschiedlichen Situationen wirken sich ebenfalls auf die emotionalen Bewältigungs- und Partizipationsmöglichkeiten eines Kindes aus. Je individueller wir auf das kindliche Befinden achten, desto weniger das Kind überfordernde Situationen gibt es:

- „Ich darf etwas essen, wenn ich Hunger habe!"
- „Ich darf entscheiden!"
- „Ich werde gefragt!"
- „Ich kann und darf immer mehr!"
- „Ich weiß, was man in der Kita machen darf und was es für mich/uns hier zu tun gibt!"

2. Gruppenfähig werden: Schritt für Schritt professionell begleitet

Ein Kind erlebt schon in der Familie, wie es sich anfühlt, zu einer Gruppe zu gehören. Für ein Einzelkind ist das anders als für ein Kind, das ältere Geschwister hat. Mit dem Kita-Start kommt eine zweite Welt mit bislang unbekannten Regeln und Konfrontationen hinzu. „Stopp!" zu sagen und die Wirkung der Einhalt gebietenden eigenen Stimme zu erleben, ist eine der wichtigsten Erfahrungen in einer Kindergruppe.

Gruppenfähig zu werden gelingt nur Schritt für Schritt bei einer verantwortungsbewussten Entwicklungsbegleitung. Seit Kinder in zunehmend jüngerem Alter eine außerfamiliäre Zusatzbetreuung besuchen, wird von Kitas weit mehr verlangt als nur zuverlässige Betreuungszeiten. Gute Krippen und Kindergärten können ein Umfeld bieten, das es jedem Kind möglich machen sollte, in einer sozialen Welt außerhalb der Familie „sicher" Fuß zu fassen und vielfältige altersgemäß mitwachsende Erfahrungen zusammen mit anderen Kindern zu sammeln.

Ein Krippen- oder Kita-Start bedeutet für ein Kind einen Weltenwechsel, zumindest eine stundenweise Konfrontation mit einer ihm anfangs neuen und von der Familienumgebung meist deutlich abweichenden Lebenswelt. Da inzwischen fast alle Einrichtungen die Eingewöhnung sehr ernst nehmen und auf die Familie, ihre jeweiligen Besonderheiten sowie vor allem auf die Individualität des startenden Kindes achten (siehe dazu Seite 91ff.), sind längerfristig Situationen, die Eingewöhnung und Startzeit belasten, seltener geworden. Hier zeigt sich an sogenanntem Feinzeichen des Verhaltens, wie wichtig es ist, auf Körpersprache und Mimik des Kindes zu achten und diese sensibel zu beantworten, um weniger Verunsicherung, weniger Überforderung oder mit Ohnmachtsgefühlen einhergehenden Stress auszulösen.

Jedes Kind will etwas tun! Jedes Kind will aktiv sein und merken, dass es größer wird, immer mehr kann. Werden ihm diese Erfahrungen nicht möglich gemacht oder wird ihm viel versagt, ist mit berechtigtem Aufbegehren und Widerstand zu rechnen. Das ist wichtig zu wissen, denn Eltern und Kitas müssen ihre Beteiligung am Auslösen herausfordernden Verhaltens kennen und beachten.

Auch herausfordernde Kinder brauchen – wie alle Kinder – Regeln, aber mindestens genauso wichtig ist: Sie brauchen täglich Herausforderungen, sie brauchen mehr zu denken und zu tun! Und sie haben dasselbe Recht wie alle anderen Kinder auf eine ressourcenorientierte Begleitung und mitwachsende individuelle Anregung.

2.1 Wird es immer schlimmer mit Unfolgsamkeit und Aggressionen?

„Es gibt immer mehr Konflikte! Das war früher alles einfacher." Diese Aussage stimmt so nicht, das zeigen europaweite Untersuchungen. Doch hat sich etwas verändert: Konflikte stören uns mehr, bringen uns „unter Druck", weil wir befürchten, unseren Bildungsauftrag deshalb nicht gut erfüllen und umsetzen zu können.

Die Sensibilität der Fachkräfte für das Thema „herausforderndes Verhalten" steigt. 75 Prozent der pädagogischen Mitarbeiterinnen und Mitarbeiter in Kita und Schule berichten, dass eine große Zahl an Kindern in ihren Gruppen herausforderndes Verhalten zeigt und sie sich selbst dadurch stark belastet fühlen (Fröhlich-Gildhoff et.al. 2017).

Was sagen die Forschungsdaten?

Im Rahmen der KIGGS-Studie zur Gesundheit von Kindern und Jugendlichen in Deutschland fanden zwei Erhebungen statt, die im Abstand von drei Jahren wiederholt wurden (Ravens-Sieberer et al. 2012). In der KIGGS-Basis-Erhebung (2003–2006) ließen sich 20 Prozent der Kinder und Jugendlichen im Alter von 3 bis 17 Jahren einer Risikogruppe für psychische Auffälligkeiten zuordnen; das bedeutet, dass sie als grenzwertig auffällig oder auffällig eingestuft wurden.

In der KIGGS-Welle 1 (2009–2012) waren es dann nur 0,2 Prozent mehr Kinder und Jugendliche, die mehr Anforderungen an die Fachkräfte stellten als andere. Es fand sich kein Nachweis für eine Veränderung in der Häufigkeit psychischer Auffälligkeiten. Die Beobachtungen vor Ort zeigen, dass eine sehr geringe Anzahl von Kindern mit besonders herausforderndem Verhalten ein großes Maß an Aufmerksamkeit und Energie der Fachkräfte im Alltag bindet.

Fünf Prozent der Kinder einer Gruppe können 80 Prozent der Energie der pädagogischen Fachkräfte einfordern. Das trifft vor allem in Einrichtungen mit einer bestehenden Gruppenstruktur zu, das heißt, eine Form der offenen Arbeit wird hier nicht praktiziert. Die Beobachtungen vor Ort zeigen, wie wichtig adäquate Professionalisierungsmaßnahmen sind, um die Fachkräfte zu befähigen, individuell ausgerichtete Handlungsstrategien bei aggressiven Auffälligkeiten von Kindern zu entwickeln, diese dann im Alltag anzuwenden und im Team regelmäßig zu reflektieren.

Erleichterung für Fachkräfte und Kinder bringt nachweislich, alle zur Verfügung stehenden Räume über den Tag zu nutzen sowie die damit einhergehende Spezialisierung der Räume und der die Kinder in diesem Raum/Bereich begleitenden Fachkräfte.

Nicht jedes herausfordernde Verhalten ist eine Verhaltensauffälligkeit

Warum spricht man heute von herausforderndem Verhalten und nicht mehr automatisch von Verhaltensauffälligkeit? Das Konzept der Verhaltensauffälligkeit darf den Blick auf die komplexe Vielfalt eines Verhaltens und seiner Ursachen nicht verstellen und diese einseitig einem Kind oder einigen wenigen Kindern zuschreiben. Der Kontext, in dem ein herausforderndes Verhalten gezeigt wird, muss immer parallel in den Blick genommen werden. Das bedeutet, wir müssen von einer individuumszentrierten Betrachtungsweise der Herausforderung Abstand nehmen, weil hier die Gefahr eines vorschnellen Urteils besteht: Wir haben ein problematisches Kind in einer sonst unauffälligen Umgebung vor uns!

Bei der Beschreibung herausfordernden Verhaltens geht es meist um Verhaltensweisen, die vor allem für Erwachsene, manchmal auch für die anderen Kinder eine besondere Hürde darstellen. Dabei ist jedoch zu beachten, dass erst in der Interaktion mit dem Erwachsenen das Verhalten des Kindes zu einer Herausforderung wird. Der Grund hierfür ist vielursächlich und liegt häufig im Zusammenspiel aller Beteiligten oder an situativen (institutionellen) Rahmenbedingungen.

Auswertungen von beobachteten aggressiven Zwischenfällen bei laufendem Kita-Betrieb zeigen, dass die Ursachen zu oft mit ungünstiger Raumnutzung oder nicht geeigneter Zeit- oder Personaleinteilung zu tun haben. Wer genau hinschaut und Einzelszenen analysiert, stellt häufig überrascht fest, dass ein herausforderndes Kind das braucht und einfordert, was alle Kinder brauchen, nur vielleicht häufiger und situationsübergreifender – zum Beispiel wertschätzende Aufmerksamkeit für sein Tun oder die Benennung seiner guten Ideen. Es geht um (mehr) kompetenzorientierte Begleitung und einen noch achtsameren Blick.

Eine sensible Blickschulung wird nötig

Um den eigenen Blick zu sensibilisieren, müssen einige wichtige, da aussagekräftige Fragen beantwortet werden:
▶ Was fehlt dem Kind?
▶ Was überfordert oder irritiert es?
▶ Hat es genug zu denken und zu tun?
▶ Begleiten und schützen wir ein Kind und sein geplantes Tun ausreichend?
▶ Bieten wir einem Kind, wenn es überfordert ist, eine wirksame Regulationshilfe und individuelle Beruhigungsmöglichkeiten an?
▶ Verstärkt unser Verhalten, zum Beispiel Ermahnungen und Schuldzuweisung, die Sündenbockrolle eines Kindes in der Gruppe oder ist unsere Intervention für alle am Vorfall beteiligten Kinder entlastend?

Pädagogische Fachkräfte tragen eine hohe Verantwortung, denn von ihnen wird eine kompetente Mitregulation der sich bei den Kindern erst entwickelnden Gefühlswelt erwartet. Eine achtsam-sensible Begleitung und feinfühlige Unterstützung der Kinder in verschiedenen Situationen erleichtern es ihnen, ihre eigenen Gefühle wahrzunehmen und zu erfahren. Und sie können erleben, was sie selbst tun und von wem sie Hilfe dabei erwarten können, ihr Problem zu lösen, ihre Anspannung zu vermindern und sich wieder in der Gruppe wohlzufühlen.

In akuten Konfliktsituationen kann sich die Überforderung der Kinder in vielfältigen Verhaltensweisen, zum Beispiel Schlagen, Schubsen, Beißen, Kratzen, Treten oder aber als völlige Verweigerung, zeigen. Von dem englischen Kinderarzt und Psychoanalytiker Donald Winnicott stammt die Aussage „Das Kind halten – die Situation aushalten". Damit ist nicht die Festhalte-Therapie gemeint, sondern „das Stehenbleiben", das „Nicht-Umfallen" des erwachsenen Menschen – ein Zeichen für das Kind, dass die Fachkraft auch schwierige Situationen aushält, also so stark ist, dass sie ihm wieder zu seiner Stabilität und Beruhigung verhelfen kann (Containment).

> Die Fähigkeit zur Impulskontrolle und zur Emotionsregulation startet in der Kleinkindzeit – individuelle Unterschiede sind normal. Und es dauert bis ins Vorschulalter hinein und manchmal noch länger, bis Kinder mal mehr, mal weniger emotionale Selbstkontrolle erworben haben. Alle Kinder sind bei der Lösungsfindung auf den mit-regulierenden Erwachsenen angewiesen. Denn Konfliktfähigkeit muss von Erwachsenen und größeren Kindern abgeschaut und gelernt werden.

„Heute gab es keinen Streit! Eigentlich schade, denn dann haben wir heute zu wenig gelernt!" Diese Gruppensichtweise stimmt auf individueller Ebene nicht ganz. Wir Erwachsene haben hoffentlich bereits festgestellt: „Bei Valentin geht es ja auch ohne Streit!" Konfliktfähigkeit gilt seit langem als zentrales Thema der Entwicklungsforschung. Doch hat sich der Blick auf einen Konflikt mit einem Kind oder unter Kindern wesentlich verändert. Wir sprechen heute von frühem Konflikthandling, und somit geht es um die Förderung sozialer Intelligenz.

Es ist nicht das pädagogische Ziel, jeden Konflikt zu vermeiden, sondern ihn möglichst professionell – in Ruhe und lösungsorientiert – zu begleiten. Was bedeutet „Begleitung durch die Fachkräfte" in diesem Zusammenhang? Die Pädagoginnen und Pädagogen

▶ zeigen Verständnis für eine sozial anspruchsvolle Situation, in der es um einen spontanen Spielabbruch in einer meist höchst motivierten Aktivitätsphase geht, sodass Wut und Verzweiflung eine große Rolle spielen können;
▶ sind sich bewusst, dass alle Gefühle, auch Wut, gesehen, benannt und akzeptiert werden müssen: „Ich verstehe, dass du wütend bist!";
▶ vermitteln, dass nicht alle aus Wut und emotionaler Sprachlosigkeit entstehenden Handlungen akzeptiert werden können, wie schlagen, treten, beißen, an den Haaren ziehen …

Für viele Situationen fehlen Krippen-, aber auch Kindergartenkindern noch die richtigen Worte. So ist der Gruppenalltag eine echte Herausforderung für ein Kind. Wann erwarten oder verlangen wir zu viel von ihm, und was können entwicklungsbedingte Hürden sein, die gesehen und verständnisvoll ausgeglichen werden müssen?

Welche Rolle spielen Sprache und Kommunikation bei Zwischenfällen?

Frühe sprachliche Fähigkeiten sind wichtige **Vermittlungsvariablen für sozial-emotionale Kompetenzen.** Immer wieder ist zu beobachten, dass bereits gute sprachliche Fähigkeiten im Alter von drei Jahren einem Kind den Kontakt mit Gleichaltrigen wesentlich erleichtern können, da es zu weniger Missverständnissen, zu weniger Konflikten und somit zu längeren Spielphasen kommt.

> Diese Kompetenz kann auch von den Fachkräften genutzt werden, um drohende Konflikte zu entschärfen:
> ▶ „Sag' ihm, dass du das nicht möchtest!"
> ▶ „Sag' ihr, dass dir das wehtut und Angst macht! Und du dann auch nicht mit Lucia weiterspielen möchtest."

Zunehmende Sprachfähigkeit geht mit steigender Konfliktfähigkeit einher. Denn sobald ein Kind seine Absicht, seinen Wunsch, seine Ablehnung angemessen kommunizieren kann, kann es seine Gefühle auf sozial akzeptierte Weise äußern:
▶ bei Wut schimpfen anstatt zu schlagen,
▶ sich bei erlittenem Unrecht beschweren, anstatt zu heulen und zu verzweifeln,
▶ Bedürfnisse, Überforderung sowie Ärger äußern anstatt zu beißen.

Hier ein **wichtiger Auftrag an Teams:** Richten Sie einen professionellen Blick auf konfliktträchtige Situationen, die alle Beteiligten – Kinder wie Fachkräfte – stressen. Was tun in folgender Situation: „Heute sind zwei Räume nicht geöffnet!" Solche Routinen – meist dem tagesaktuell beeinträchtigten Fachkraft-Kind-Schlüssel geschuldet – müssen hinterfragt und lösungsorientiert diskutiert werden. Denn: Zu enge Spielbereiche, zu wenige Verteilungsmöglichkeiten und keine „eigenen kleinen Spielzonen" sowie nicht gut erreichbare Ausgänge zur Verfügung zu haben kann zu Streit und panikartigen Reaktionen führen.

Es handelt sich um Phänomene des **Dichtestresses,** wenn in räumlichen und zeitlichen Bedrängnis-Situationen zum Beispiel Beißzwischenfälle zu beobachten sind: „Jetzt gehen alle Kinder zur Garderobe, ziehen sich Jacke und Mütze an, zuletzt die Schuhe, und wer fertig ist, stellt sich ruhig an der Tür zum Außengelände an: Immer ´zwei und zwei!´" Diese vermeintliche Hilfestellung kann vielleicht einmal klappen, die Regel wird es nicht sein. Gedränge im Garderobenbereich beim An- und Ausziehen lässt selbst ausgeglichene Kinder wütend werden und kann die Kleinen zum Weinen oder in „Beißnot" bringen.

Jede Einrichtung sollte für sich selbst prüfen, wo und wann es zu unnötigen, nicht reflektierten und somit unprofessionellen Stresszeiten im Tagesablauf kommen kann: Achten Sie bitte besonders auf Situationen, in denen diese Routinen „schon immer so gemacht" wurden!

> Zu den noch häufig anzutreffenden „Stress-Kandidaten" und somit potenziellen Aggressionsauslösern im Tagesablauf, die diskutiert werden sollten, zählen:
> - Wartesituationen vor dem Essen (hungrig!), vor dem Rausgehen ins Außengelände
> - Zu enge, beengte Spielbereiche (Engeangst!), zwei oder drei Räume sind heute nicht geöffnet
> - Langweilige Morgenkreise: jeden Tag um 9.45 Uhr, der Kita-Start ist um 7 Uhr, oder langatmige Abfragrituale: Ist der Georg heute da? Ist die Mira heute da?
> - Hektik im Garderobenbereich, vor der Turnhalle, beim Warten aufs Mittagessen (alle sitzen schon am Tisch)

Jedes Kind sollte lernen, **klare Stoppsignale** zu senden und diese im Bedrängnisfall auch vehement, wirklich mit Nachdruck, einzusetzen, um so wirkungsvoll Überforderungen und ihren Folgen entgehen zu können. Viel im Einsatz und erprobt ist die Kombination, mit erhobener Hand laut und deutlich „Stopp" zu sagen und gleichzeitig mit einem Bein heftig auf den Boden zu stampfen. Das hat tatsächlich eine beeindruckende Wirkung auf die anderen Kinder: Sie halten inne. Die klare Ansage heißt: Bis hierhin und nicht weiter! Hörst du jetzt nicht sofort auf, musst du mit meiner Gegenwehr rechnen.

Voraussetzung ist, dass die Moderation von Nähe- und Distanzregulation erst einmal gelernt und mehrmals – ohne echte emotionale Beteiligung und Angst – eingeübt wird. Übersetzungshilfe für Stressregulation, eine passgenaue Konfliktbegleitung und eine professionell individuelle Mitregulation der sich erst entwickelnden Gefühlswelt sind bedeutsame Elemente in der Elementarpädagogik. Jedes Kind sollte sagen dürfen, was es belastet, warum es ihm nicht gutgeht und Worte für seine belastende Situation finden.

> Konflikte sind immer herausfordernd! Und Konflikte in der Kindergruppe werden häufig von allen Beteiligten gefürchtet. Nichtsdestotrotz handelt es sich um bildungsrelevante Alltagsinteraktionen. Eine mitregulierende Konfliktbegleitung wird als pädagogische Aufgabe von hoher Verantwortung für den weiteren Entwicklungsverlauf des Kindes gesehen, weil Konflikte Teil und nicht Gegensatz einer Kooperation sind.

Hier ein leider kontraproduktives, aber echtes Beispiel aus der Praxis: „Franzi geh´ bitte vor die Türe, du weißt warum?! Wenn du wieder normal bist und nicht mehr weinst, kannst du zu uns reinkommen." Keine gute Lösung. Und auch keine zielführende Konfliktbegleitung, die eine offensichtlich schwierige Situation für Franzi nicht einfacher macht, da ihr die Fachkraft weder eine begleitende Regulationshilfe noch eine Konfliktlösung anbietet.

Grundsätzlich sollten die pädagogischen Fachkräfte im Kita-Alltag für möglichst konfliktarme Bildungsbereiche und beruhigte Aktivitätsfelder sorgen. Das heißt, die allen bekannten „Knallstellen" (siehe Seite 11) im Tagesablauf gezielt in den Blick zu nehmen und zu entschärfen.

2.2 Mitwachsenden Freiraum bieten und begleiten

Wenn alles gut läuft, lernt ein Kind jeden Tag Neues im Kindergarten und in der Familie. Für seine Emotionsregulation ist eine Frage besonders wichtig: „Gibt es für mich genug zu tun, um jeden Tag etwas Neues zu erfahren?" Für die Fachkräfte ist eine weitere Frage wichtig: „Erkennen wir Situationen, die einzelne Kinder oder gar eine ganze Kindergruppe überfordern?"

Unter Professionalisierungsgesichtspunkten ist eine weitere Frage wichtig: Wissen die Fachkräfte über die momentan aktuelle Vielfalt von Entwicklungsverläufen in ihrer Gruppe oder in ihrem Bereich Bescheid? Denn nur dann können alle Kinder achtsam begleitet werden. Konkret heißt das:

▶ Sind wir aufmerksam genug, um stressende, konfliktträchtige Situationen im Alltag zu erkennen, diese zu entspannen, vielleicht sogar abzuschaffen?
▶ Haben wir ein Auge für wichtige und anspruchsvolle Entwicklungsschritte bei jedem Kind?

Als Beispiel soll der Trotz – der typische Begleiter der Autonomieentwicklung (siehe Seite 81ff.) – in den Blick genommen werden. Mit dem Wort „Trotz" werden Verhaltensweisen zusammengefasst, die Zeichen eines massiven Widerstandes gegenüber Anforderungen und Anweisungen anderer sind und nahezu regelhaft infolge beginnender Autonomie und der damit verbundenen zunehmenden Empathiefähigkeit auftreten.

Das gefürchtete und dennoch wichtige Trotzalter

Kindern fällt es im Laufe ihrer Autonomieentwicklung schwer, ihre Bedürfnisse aufzuschieben. Sie stoßen immer wieder an ihre Fähigkeitsgrenzen; Wutanfälle sind oft die einzige Möglichkeit, ihren heftigen Gefühlen Ausdruck zu verleihen. All das ist lästig, aber eine für die kindliche Psyche wichtige erste Abgrenzungstendenz von den Erwachsenen, um unabhängiger und dadurch selbstständiger zu werden.
Darum geht es bei Mädchen und Jungen im Trotzalter:
▶ Ich weiß und spüre, dass ich etwas machen möchte, meinen Willen unbedingt durchsetzen muss, um meine eigene Idee verwirklichen zu können!

- Ich bin ich und das bedeutet, dass ich nicht „Du" bin! Und du keine Ahnung von meinen Ideen und Plänen hast!
- Trotzdem möchte ich genau das, was ich mir vorgestellt habe, mit dir zusammen oder vielleicht ganz allein machen!

Wir sprechen beim Trotzalter vom wichtigen Start in die „soziale Identität" und dem gleichzeitigen Bedürfnis nach Gemeinschaft. Das Trotzalter ist wirklich eine herausfordernde Situation im Familien- und Kindergruppenleben. Aufgrund der gegenseitigen Begeisterung der Kinder untereinander, aber mindestens ebenso vielen eigenen, keineswegs immer zusammenpassenden, aber gleichzeitig angedachten Ideen kommt es zu vielen Konflikten. Denn es gibt eine Fülle an interessanten, aber keineswegs aufschiebbaren Ideen. Wer eine Idee hat, will diese spontan umsetzen und kann „eigentlich" auch nicht mehr umplanen; dafür ist die Eigenregulation noch zu schwach.

Dafür kämpfen Kinder im Trotzalter (Simoni et al. 2008):
- Bei ihren Aktivität nicht unterbrochen oder gestört zu werden.
- Genau jene Gegenstände zu erobern, mit denen andere Peers sich intensiv und sichtlich beglückend beschäftigen; nicht um sie zu „besitzen", sondern um dadurch die Möglichkeit zu haben, die gleichen Manipulationen durchzuführen und somit gleiche Erfahrungen machen zu können. Es handelt sich also um einen „Das-Gleiche-tun-wollen-Konflikt", nicht um einen „Besitzkonflikt"!

Die Verzweiflung eines Kleinstkindes, beim Spiel unterbrochen zu werden, ist nachvollziehbar, denn es hat gerade jetzt im Moment eine Spielidee, erst eine, aber es ist seine Idee! Stellt sich dem etwas in den Weg, kommt Verlustangst auf: Ich werde unterbrochen, der Gegenstand ist weg. Und – ganz besonders schlimm: Ich könnte weder nach der Aktion noch nach dem Objekt fragen.

Hier muss eine Fachkraft beruhigende Präsenz zeigen. Doch Aussagen wie „Lass sie, sie hat es zuerst gehabt!" sollten eher Platz machen für geeignetere Kommentare wie: „Stör´ Caroline nicht, lass sie bitte ihre Runde fertig machen, dann bist du dran. Und dann pass ich auch auf, dass du ganz viel Zeit zum Spielen und Ausprobieren hast und von keinem Kind gestört wirst!"

2.3 Das Thema Beißen ist in Kitas besonders gefürchtet

Vor „beißenden Kindern" haben alle Angst: die Fachkräfte, die anderen Kinder und deren Eltern ebenfalls. Die Sonderpädagogin Kinnell (2008) konnte bereits vor Jahren durch ihre Untersuchungen belegen, dass Beißen in Kitas als höchst aggressiv eingestuft wird. Wie

Teambegleitungen zeigen, werden die gefürchteten und überfordernden Beißzwischenfälle oft auf hilflos aggressive Art mit einem Time-out bestraft, selbst bei Kleinstkindern.

Time-out ist kein geeignetes Stressmanagement für ein Kleinstkind

Mit einem Time-out, diesem drastischen Mittel eines externen Regulationsversuches nach dem Motto „Aus den Augen, aus dem Sinn", erhoffen sich Eltern und Fachkräfte zweierlei:
1. eine schnelle Entlastung der Situation und
2. sich selbst vor Überforderung zu schützen.

Das „Täterkind" wird eine Zeitlang ruhiggestellt; nur wird dabei nicht überlegt, was in dieser „Auszeit" in dem Kleinstkind vor sich geht: Wenn es mir nicht gutgeht, ich selbst völlig überfordert bin, bin ich ganz allein auf mich gestellt, ohne jede Regulationshilfe durch meine Bezugspersonen!
    Bei einem derart heftigen Kontaktabbruch kann das Sicherheitsempfinden des Kindes sowie die Gesamtbeziehung schlagartig infrage gestellt werden. Hinzu kommt, dass die gerade in überfordernden Situationen besonders notwendige Stressreduktion und Mitregulationshilfe entfallen. Das Kind, das ein anderes gebissen hat, bleibt in Not und hat für die nächste belastende Situation keine Anti-Stress-Hilfe als Alternative zum „Sich-frei-beißen" erfahren. So kann es nicht lernen, wie es mit der nächsten herausfordernden Situation besser umgehen kann.

Für **Beißanfälle** kann es sehr **unterschiedliche Gründe geben, die jedoch alle mit einer Überforderung zu tun haben.** Beißzwischenfälle ereignen sich, wenn
▶ das Bedürfnis des Kindes nach mundsensorischer Stimulation nicht befriedigt wird, nur Breiiges und nichts zum Kauen und Nagen angeboten wird;
▶ ein Kind räumlich in die Enge getrieben wird und sich körperlich bedrängt fühlt;
▶ Kinder aus verschiedenen Gründen Ärger und Frustration (noch) nicht sprachlich oder körpersprachlich ausdrücken können und keine Hilfestellung bekommen;
▶ Überforderung vorliegt, zum Beispiel in lauten, oft gereizten Wartesituationen vor dem Essen, alle Hunger haben und die Kleinen schon müde sind (Gutknecht 2015);
▶ Überstimulation, zum Beispiel in Form von Reizüberflutung, vorliegt.

Blickschulung ist angesagt

Gutknecht betont zurecht, dass es für die emotionale Entwicklung eines Kindes ausschlaggebend ist, dass pädagogische Fachkräfte auch in Bezug auf Beißzwischenfälle eine Blickschulung für akute Stress-Situationen und deren zeitnahe Entschärfung erhalten. Denn

2.3 Das Thema Beißen ist in Kitas besonders gefürchtet

Beißzwischenfälle kommen, wie bereits erwähnt, oft in unbedacht verursachten Bedrängnis-Situationen vor:
- In zu engen Spielbereichen, ohne leicht erreichbaren Ausgang
- Im Garderobenbereich beim An- oder Ausziehen
- In sogenannten Mikrotransitionen

Mikrotransitionen, die kleinen Übergänge im Alltag, verlangen ein gutes Stressmanagement, denn sie sind prädestiniert für Konflikte. Deshalb wird eine möglichst individuelle Begleitung in Form von körpersprachlicher und verbaler Mitregulation nötig (Gutknecht & Kramer 2018).

Es braucht Entwicklungswissen, um die geistigen Fähigkeiten der Kinder richtig einschätzen zu können: Ab wann können sie sich vorstellen, dass andere Kinder
- einen Wunsch haben, der von ihrem eigenen abweicht, diesem sogar widerspricht?
- etwas anderes bei einer gemeinsamen Handlung beabsichtigen als sie selbst?
- ein Ziel verfolgen, das sich mit dem ihrem deckt, aber ihm genauso im Weg stehen kann?
- mitunter von einer anderen Ausgangssituation ausgehen und deshalb einen anderen Zusammenhang vermuten, daraufhin anders planen, anders handeln und die Situation anders beurteilen?

Oft gehen Erwachsene davon aus, dass sich der soeben eskalierte Konflikt schon Minuten vorher angedeutet hatte und eigentlich bereits absehbar gewesen war, weil
- Nikla (16 Monate) mit dem Bobbycar durch den Wiesenkaufladen der „Großen" gefahren ist,
- Ophelia (18 Monate) soeben einen Baustein aus dem Turm von Nils (23 Monate) gezogen hat, um so einen weiteren Klotz zu haben, mit dem sie auf den Boden klopfen kann.

Diese Konflikte wären aber nur vorhersehbar und damit zu verhindern gewesen, wenn Nikla sich schon vergegenwärtigen könnte, dass sein tolles Bobbycar Schaden anrichten kann und so die Mühe der Großen beim Aufbau des Wiesenkaufladens umsonst war. Und wenn Ophelia bedacht hätte, dass ein fehlender Baustein einen Einsturz bewirken wird, und sie genauso gut einen Baustein aus der Vorratskiste hätte holen können, um Bumm-Bumm auf dem Holzboden zu machen.

Einen guten Umgang mit Aggressionen – mit den eigenen oder denen der anderen Mädchen und Jungen – lernt ein Kind nur bei einer achtsamen Begleitung durch Erwachsene in professionell und achtsam geführten Gruppen, in der Altersmischung auch von den älteren Kindern mit guten Problemlösestrategien. Eine wichtige Aufgabe der Fachkräfte in der Krippe, Tagespflege und Kita ist auch ein professionell achtsamer Blick, um anregungsarme, stressende oder konfliktträchtige Situationen im Alltag früh zu erkennen. Um hierauf eine Auge zu haben, braucht es oft eine entsprechende Blickschulung „von außen"!

> Beobachtungen bei laufendem Betrieb zeigen den Teams bei entsprechender Blickschulung von außen, dass
> - „abgespielte" Räumlichkeiten,
> - ungeeignete, langweilige Materialien
> - und eine offensichtlich ungünstige Zeiteinteilung
>
> das Konfliktpotenzial erhöhen können.

Zu viele Unterbrechungen oder zu kurz angedachte Einheiten erlauben kein vertieftes Spiel und sollten zeitnah pädagogische Konsequenzen haben, wenn die Konfliktrate gesenkt und die „Spielausbeute" erhöht werden sollen.

2.4 Konfliktkommunikation setzt professionelle Kompetenz im Team voraus

Die größte Verantwortung für den Umgang mit Aggressionen haben sicher die Erwachsenen, aber die Bedeutung anderer Kinder für zunehmend gelingende gemeinsame Aktionen – auch im Wettstreit und in Konkurrenzsituationen – wird immer noch unterschätzt. Wie gehen andere Kinder mit einer Überforderung, mit einer Frustration um? Beobachtungen bei laufendem Betrieb zeigen deutlich, dass ein Konflikt unter zwei oder mehr Kindern für größtes Interesse sorgt. Mitten im Spiel verharren die anderen Kinder, den Spielgegenstand noch in der Hand, und beobachten, was hier passiert und vor allem, wie sich die Erwachsenen verhalten. Wir müssen uns immer unseres Modellcharakters in – auch uns fordernden – Situationen bewusst sein!

Konfliktkommunikation ist eine pädagogische Herausforderung, die auch in Morgenkreisen immer wieder „der Rede wert sein" sollte und in Teamsitzungen in den Blick genommen werden muss: Welche wirkungsvollen Konfliktlösungen haben wir angeregt oder spontan bei den Kindern beobachtet und ihnen rückgemeldet? Auf wertgeschätzte Konfliktlösestrategien kann ein Kind – auch bald im Ernstfall – zurückgreifen.

Unseren Beobachtungen nach geht es um folgende Fragen, die in Teambesprechungen und Fortbildungen in der Kita Thema sein sollten:
- Werden gute Szenen für den Umgang mit Schwierigkeiten und Misserfolg im Gruppenalltag gesehen, benannt und wertgeschätzt? Denn nur so können sie als Vorbild genutzt werden.
- Gibt es ein sensibles Verständnis und spürbare Kompetenz für das Beantworten von eingeforderter Zuwendung und nötiger Regulationshilfe?

- Sind die Kindergruppe stressende Übergangssituationen im Blick? Und ist bereits in der Diskussion, wie für Entspannung gesorgt werden kann?
- Werden veränderte Reaktionsweisen eines Kindes in es herausfordernden Situationen als beachtenswerte Leistung gesehen und als solche auch benannt?
- Ist allen Fachkräften klar, dass Konflikte und ihre Bewältigung zur Sozialisation eines Kindes dazugehören, eine wichtige Erfahrung im Gruppenleben darstellen und zu den Kernerfahrungen einer Kita zählen sollten?

2.5 Von Streithähnen und Versöhnung

Lösungen, die die Kinder selbst gefunden haben, sind zu hegen und zu pflegen. Das heißt, dass eigene Aushandlungsprozesse der Kinder beobachtet und notfalls begleitet und unterstützt werden sollten, da es sich hierbei um wichtige Voraussetzungen für lösungsorientierte Entscheidungen handelt.

Sobald jedoch die Aushandlungskompetenzen eines Kindes oder einer Kindergruppe erschöpft sind, droht bei fehlender Begleitung Verzweiflung, die schnell zu Aggression aus Angst und Überforderung wird.

In nicht allein lösbar scheinenden Situationen müssen pädagogische Fachkräfte präsent sein, um die Gefühle und Gedanken aller Beteiligten gut zu vermitteln. Es geht um Konfliktkommunikation, die es nötig macht, die jeweilige Sichtweise beider Kontrahenten einzunehmen und diese zu verbalisieren. Gelingt eine derartige Konfliktkommunikation, kann auf eine für alle beteiligten Kinder zufriedenstellende Lösung hingearbeitet werden.

Wie können Lösungen aussehen?

Überraschend oft reicht es, ein oder zwei Vorschläge zu kleinen Spielabwandlungen oder dem Umfunktionieren von Gegenständen zu machen, damit die Kinder trotz einer Hürde gemeinsam weiterspielen können. Ganz wichtig ist, eine Situation zu schaffen, bei der nicht der Konflikt, sondern die Lösung und die erreichte Verständigung im Gedächtnis der Kinder bleiben und dem Weiterspielen nichts im Wege steht: „Schön, selbst mit Julian, gerade mit Julian, wegen dem ich soeben noch geweint habe, mit dem ich aber gleich wieder im Garten spielen werde …"

Solche Szenen brauchen Bestätigung: „Ich bin begeistert, wie ihr zwei Freunde es geschafft habt, euch nicht mehr böse zu sein!" war der beeindruckende Kommentar einer Fachkraft gegenüber zwei sich an sie anlehnende, „ehemalige" Streithähne auf der Gartenbank. Die Lösung kann gefeiert werden!

2.6 Es gibt zu viele von Erwachsenen unbedacht initiierte Konflikte

Von den Fachkräften initiierte Konflikte sollten aufgespürt und bei regelmäßigen interkollegialen Beobachtungen in den Blick, dann ins 1:1-Gespräch und danach in die Teambesprechung genommen werden. Meistens sind sich die Fachkräfte der selbstaufgestellten Alltagshürden gar nicht bewusst, da diese für sie zur nicht hinterfragten Routine geworden sind.

Erst interne, interkollegiale Beobachtungen oder beauftragte Beobachtungen bei laufendem Betrieb können derartige Stolpersteine aufspüren, ansprechen helfen und Überlegungen zum „Wegräumen" anregen. Hier einige Beispiele für häufig beobachtete **Konfliktstolpersteine**:

- **Unüberlegtes, vorschnelles Eingreifen,** um einen befürchteten Streit oder den Einsturz eines Bauwerkes zu verhindern, was aber beides keineswegs passieren muss oder, wenn ja, von der Kindergruppe allein aufgefangen und verkraftet werden kann.
- **Willkürliche, unbedachte Unterbrechungen** von Planungsgesprächen unter Kindern oder von engagierten Spielverläufen, deren aktuelle Priorität nicht beachtet und wertgeschätzt wird.
- **Die Vorgabe ungeeigneter Zeitlimits:** Alles soll im Gleichschritt ablaufen, immer soll die Gesamtgruppe gemeinsam bewegt oder angesprochen werden. Was könnte der Grund dafür sein? Welchen Nutzen verspricht man sich im Team davon? Diese Fragen müssen sich alle Kolleginnen und Kollegen stellen.

Selbstverständlich braucht es klare Regeln im sozialen Miteinander

Niemand will, dass in einer Kindertageseinrichtung geschlagen, gebissen oder gespuckt wird. Auch nicht, dass gelogen wird oder Kinder von anderen Kindern schlecht behandelt werden, etwa von einem Spiel ausgeschlossen werden. Ebenso wollen wir nicht, dass achtlos Dinge kaputt gemacht, Bauwerke, Zeichnungen oder Spielarrangements mutwillig zerstört werden. Es geht auch nicht, dass Stopp-Signale der Kinder von ihren Kontrahenten ignoriert werden. Auch nicht, dass unachtsam miteinander umgegangen wird!

Regeln sind wichtig, in der Familie und in der Einrichtung (siehe dazu Seite 44ff.). Aber: Die Ausnahme von der Regel bestätigt die Regel! Was heißt das? Das bedeutet, dass es normalerweise eine Regel gibt, die aber zum Beispiel heute – ausnahmsweise, aus gutem Grund – außer Kraft gesetzt wird, also heute nicht gilt! Hier einige Beispiele:

- Weil die Großeltern da sind, länger aufbleiben dürfen, obwohl schon „Licht-aus-Zeit" ist
- Noch vorgelesen bekommen, obwohl es eigentlich bereits ein bisschen spät ist
- In Mamas Bett schlafen dürfen
- Bei der Mahlzeit mit dem Nachtisch beginnen

- Alle gemeinsam im Garten frühstücken
- Das Gericht mit den Fingern essen: Fingerfood

Die Erwähnung einer expliziten Ausnahme lässt auf das Vorhandensein einer Regel in den von der Ausnahme nicht betroffenen Fällen schließen. Jedes Kind, das Ausnahmen von der Regel kennengelernt hat, versteht diese Sonderregelung schnell – zuhause, bei den Großeltern und in der Kita.

Freiräume durch bewusste Altersmischung

Bewusste Altersmischung bietet eine besondere Form von Freiräumen, die höchst anregend sein können, aber auch eine pädagogische Herausforderung für die Bildungsbegleiterinnen und -begleiter darstellen. Wir dürfen die Altersmischung trotz ihrer vielen Möglichkeiten nicht unterschätzen. Altersübergreifendes Lernen ist kein Selbstläufer, das heißt, es passiert nicht von allein, sondern braucht als Voraussetzung die Aufnahme von Kindern unterschiedlichen Alters und unterschiedlichen Entwicklungsstandes.

Unbestritten und vielfach nachgewiesen sind die förderlichen Auswirkungen einer altersgemischten Erziehung, Bildung und Betreuung auf die pädagogischen Ziele Gruppenfähigkeit und Sozialverhalten. Denn altersgemischt gut begleitete Kinder zeigen früher Selbstständigkeit und Selbstsicherheit als ihre Peers in altershomogenen Gruppen.

Zur Einlösung und Umsetzung der förderlichen Aspekte der Altersmischung spielt der Fachkraft-Kind-Schlüssel eine große Rolle, aber natürlich auch die professionelle Haltung des Teams zur Altersmischung. Sie ist ausschlaggebend für deren Anregungswirkung auf die Kinder und deren Mitnahmeeffekte in Sachen Bildung.

Auch die professionell überlegte Nutzung aller Räumlichkeiten zeigt klare Effekte, zum Beispiel verminderten Dichtestress (siehe Seite 28), was mit weit weniger aggressiven Auseinandersetzungen und mehr konzentriertem Spiel einhergeht. Wenn alle Räume möglichst über den Ganztag offen sind – mit wenigen Kindern und mindestens einer Fachkraft besetzt –, also für unterschiedliche Interessen genutzt werden können, wirken alle Beteiligten weniger gestresst und aggressive Zwischenfälle sind selten.

Die Vorteile einer Altersmischung, Bildungsziele wie Emotionsregulation betreffend, kommen nur dann bei den Kindern an, wenn es bewusst gestaltete und gut begleitete Zeiten der Altersmischung und genauso Phasen der Entmischung in Entwicklungs- oder Altersgruppen gibt. Das Arrangement von Begegnungen, zufällige wie beabsichtigte, ist genauso wichtig wie eine professionell gewählte zeitweilige Trennung in verschiedene Altersgruppen zur Wahrung der Kleingruppenidentität, zur Ermöglichung alters- und entwicklungsspezifischen Spielens und zur Entspannung oder thematischen Vertiefung in Kleingruppen.

2.7 Spezialblick: Kita-Erfolg aus der Sicht der großen Kinder

„Kann ein großes Kind hier wachsen?" „Wie viele Eigenentscheidungen darf ein großes Mädchen oder ein großer Junge hier selbst treffen?" Das sind wichtige Fragen an Kita-Teams:
- Bieten wir den Kindern über die Jahre passend mitwachsende Bewegungsvielfalt, erweiterten Denkfreiraum und einen größer werdenden Handlungsspielraum?
- Oder ist die Einrichtung nach drei Jahren bereits „abgespielt", was die Entwicklungsforschung als einen Indikator für Mangel an Anregungen und vorenthaltene Erfahrungen bezeichnet, der zu Langeweile und dadurch zu vermehrter Aggressionen aus Frustration führen kann.

„Ich kann jeden Tag mehr!" Genau das muss ein Kind für sich selbst festgestellt haben und sich und anderen wichtige Beispiele dazu aufzählen können. Mädchen und Jungen spüren ihre zunehmende Selbstständigkeit und bemerken ihre Spezialinteressen und Leidenschaften. Hoffentlich bemerken sie jetzt auch auf sozialer Ebene eine mitwachsende Sicherheit im Umgang mit anderen Kindern und in der selbstgestalteten Bewältigung ihres Tagesablaufs. Suchtpräventionsspezialisten gehen davon aus, dass ein Kind spätestens im Alter von drei oder vier Jahren jeden Tag spüren sollte, dass es Neues zum Tun und Denken gibt.

„Es wird besser mit mir!" (Echtzitat). Jedes Kind bemerkt seine hinzugewonnenen Fähigkeiten und kann immer mehr Beispiele für „Das kann ich schon" aufzählen. Manche Kinder haben vielfältige Quellen für Motivation, zum Beispiel das besondere Glück, ihr „Größerwerden" und ihren bereichsübergreifenden „Kompetenzzuwachs" nicht nur von Erwachsenen bestätigt zu bekommen, sondern auch von anderen Kindern entsprechend stärkende Rückmeldungen, tatkräftige Unterstützung und manchmal vielleicht sogar bewundernde Blicke zu erhalten. Beobachtungen bei laufendem Betrieb deuten an, dass derartige Situationen sich zeitnah aggressionssenkend, wenn nicht sogar aggressionsverhindernd auf das Zusammenspiel der Kinder auswirken kann.

Größer werden und Erfolge spüren ist wichtig für ein Kind und seinen Emotionshaushalt. Bei Hospitationen in Einrichtungen werden wir immer wieder von großen Kindern angesprochen, die uns fragen:
- „Weißt du, dass ich schon bis 100 zählen kann?"
- „Weißt du, dass ich Spezialistin, Spezialist für … bin oder es bald sein werde?"

Es geht den Kindern um die Frage „Wo stehe ich?" und gleichzeitig um die typische Motivation, „noch weitergehen zu wollen", was mit der angeborenen Suche nach neuen Herausforderungen verbunden ist: Damit ich mich nicht langweile, sondern weitergehen kann, mich für etwas begeistern, für etwas brennen kann, um mich vielleicht sogar zeitnah in dieser Disziplin mit anderen messen zu können.

2.7 Spezialblick: Kita-Erfolg aus der Sicht der großen Kinder

Ein derartiger individueller oder sogar gruppeninterner Motivationsschub muss von den pädagogischen Fachkräften beobachtet, ans Gesamtteam rückgemeldet und, auf nötige Konsequenzen achtend, zeitnah bedient werden. Wenn es einen guten und schnellen kollegialen Austausch über anstehenden Veränderungsbedarf in Form von themenübergreifend „mitwachsenden Herausforderungen" in verschiedenen Bereichen gibt, hat deren Umsetzung bei professioneller Begleitung einen erheblichen Einfluss auf die Frustrationstoleranz und positive Motivation der Kinder. Vor allem die interessierten Großen greifen zu, probieren geduldig Neues aus und können so Spezialisten werden, was sie eindeutig wollen!

> Konsequenzen aus den gemachten Beobachtungen zu ziehen ist eine der wichtigsten Teamaufgaben auf dem Weg der Professionalisierung. Natürlich verschwinden durch diese positiven Erfahrungen und lockenden Herausforderungen im Gruppenleben nicht alle Aggressionen, aber aus der Sicht des Kindes ist es wichtig, wachsende Freiräume und erweiterte Entscheidungsmöglichkeiten in der Kita zu erobern. Das stärkt seine psychische Stabilität und macht es toleranter gegenüber unvermeidlichen Hindernissen und notgedrungenen Einschränkungen:
>
> „Im Alltag immer mal wieder eine Wahl treffen und etwas entscheiden zu dürfen, lässt mich einige Hürden, die ich noch vor mir spüre, entspannter nehmen. Dazu gehört zum Beispiel, selbst entscheiden zu dürfen, ob ich mich die nächste halbe Stunde mit einem (Hör-)Buch in eine stille Ecke zurückziehe oder aber meinen Bewegungsdrang in der Turnhalle oder draußen im Außengelände auslebe."

Möglichst oft Entscheidungsfreiheit zu haben unterstützt den Entwicklungsschritt, sich immer besser selbst regulieren zu lernen. Die Öffnung von Räumen mit klar definierten Schwerpunkten macht es den spezialisierten Fachkräften leichter, den Kindern diese Wahlfreiheit häufiger zu geben. Individuelle Bedürfnisbefriedigung senkt nicht nur Unwohlsein und Aggressionen, sondern lässt auch überraschend langes, hochkonzentriertes Arbeiten zu.

40

3. Aggressionsauslösende Situationen als Anreiz, über Veränderungsbedarf nachzudenken

Jedes Team braucht einen kritischen Blick auf seine Gewohnheiten, Regeln und seine selbstgemachten, da für nötig gehaltenen Sachzwänge. Kennen wir eigentlich unsere Barrieren im Kopf, die uns irgendwann einmal notwendig erschienen, aber bei genauem Hinsehen nicht mehr zu unserer Pädagogik passen, da sie den sozialen, motorischen und kognitiven Erfahrungsmöglichkeiten der Kinder im Wege stehen?

Es ist ein herausfordernder Auftrag, auch in von Aggression geprägten Situationen eine individuelle Entwicklungs- und Bildungsbegleitung achtsam umzusetzen – auch für die großen Kinder! Dazu sind eine professionelle Blickschulung und ein gutes Teamgefühl nötig. Und die Rahmenbedingungen, wie zum Beispiel der Fachkraft-Kind-Schlüssel, müssen stimmen!
    Unreflektierte Routinen – mit jahrzehntelanger Kita-Tradition – darf es nicht mehr geben: Beschäftigungsangebote am Tisch mit Schablonen, Aufzeigen im Morgenkreis, immer um 9.30 Uhr, wenn der Name genannt wird: „Ist der Ramon heute da?" „Ja." „Lauter! Jetzt, wenn du mal laut sprechen sollst, klappt es gerade nicht!"(leider ein Echtbeispiel!).

Bereits die nonverbale Kommunikation und Mimik eines Kleinstkindes, eines Kindes mit anderer Muttersprache oder extrem schüchterner Kinder müssen verstanden und sensibel beantwortet werden. Warum? Um bei dem Kind weniger Verunsicherung, weniger Überforderung, weniger Stress und weniger Ohnmachtsgefühle in der noch fremden Umgebung auszulösen. Sonst ist mit aggressiven Hilflosigkeitsreaktionen zu rechnen, auch in Situationen, die wir für unproblematisch halten.

> Jedes Kind will etwas tun – und das bedeutet auch, dass jedes Kind jeden Tag mehr und auch anderes tun möchte, das es gedanklich und motorisch weiterbringt!
> In der Konzeption einer großen Einrichtung in Düsseldorf steht nach mehrmonatiger Beobachtung, die die Fachkräfte selbst bei laufendem Betrieb durchgeführt und anschließend ausgewertet haben, folgender Satz: „Ab dem 1. Kind ist unser Außengelände geöffnet."
> Das bedeutet konkret, dass mindestens eine Fachkraft bereits beim Kita-Start für den Garten mit seinen verschiedenen Bereichen zuständig ist. „Gerade für unsere großen Kinder ist es uns wichtig, dass sie täglich in sich hineinhören, um zu spüren, wo sie mit wem starten möchten!"

Dieser Selbstentscheid ist ein unterstützendes Statement und Erfahrungsfeld für eine tagesaktuelle Selbstwahrnehmung und gleichzeitig der individuelle Auftrag, in sich hineinzuhören. Nur so kann jedes Kind nach der Begrüßung der Fachkraft und dem Abschied von den Eltern – also nach dem emotionalen Weltenwechsel von der Familie in die Kita – frei entscheiden, wo und somit auch mit wem es den Tag in der Einrichtung beginnen möchte.
    Das heißt, jedes Kind kann selbst tagesaktuell entscheiden, ob es nach der Ankunft in der Kita im Freien oder im Haus starten möchte. Je nach seiner momentanen Stimmung, der Morgensituation zuhause oder seinem Befinden beim Abschied von Papa am Kita-Eingang,

aber mitunter auch je nach Wetter wird seine Entscheidung unterschiedlich ausfallen. Für die Entscheidung kann auch eine Rolle spielen, wer von den anderen Kindern schon da ist, wo dieses Mädchen oder dieser Junge bereits spielt oder anderweitig agiert.

3.1 Selbst entscheiden zu dürfen stabilisiert!

Dass gerade ein Freiraum bietender Morgenstart für die großen Kinder Einfluss auf den ganzen Tagesablauf nehmen kann, zeigen viele Beobachtungen und auch das folgende Zitat: „Manchmal mach´ ich beim Ankommen gleich bei der Vorbereitung des Frühstücks mit, weil mir das Spaß macht und ich auch schon Hunger habe. Aber manchmal geh´ ich gleich ins Lese-Zelt, da hat man seine Ruhe. Oder ich geh´ raus in den Hof und helfe beim Aufbau des Bewegungsparcours. Der sieht für uns Große ganz anders aus als für die Kleinen. Meist bauen wir zuerst eine Strecke für die Kleinen, so mit Seil und Ball und einem Eimer. Für uns sieht der Bewegungsparcours natürlich ganz anders aus, der hat mehrere Schikanen!"

An Aussagen wie dieser können Besonderheiten des Erfahrungsreichtums einer mehrjährigen Lern- und Emotionsbegleitung von Kindern in den Kitas sichtbar gemacht werden. Ein Team, das bewusst jedem Kind seinen individuellen Morgenstart gewähren möchte, trägt durch diese Form der emotionalen Begleitung und professionellen Bedürfnisbefriedigung zu einer frühen Selbstregulationsfähigkeit bei, die sich stressmindernd auswirken und so mehr Konzentration und Begeisterung wecken kann – vor allem bei den großen Kindern, den Ü4-Kindern.

Ein Ü4-Kind mit einiger Erfahrung mit sich selbst und mit Kita-Alltagen sollte deshalb seinen Start in der Kindertageseinrichtung selbst bestimmen dürfen. Wenn alles gut läuft und dem Team eine individuelle Beantwortungspädagogik wichtig ist, erleben die Großen mehr Situationen der Passung im Tagesablauf, und das hat deutlich spürbare Konsequenzen:

Die Kinder können dann eher im Einklang mit ihren tagesaktuellen Bedürfnissen und Gefühlen agieren und dadurch erfahren, wie sie sich wo und mit wem am besten regulieren, konzentrieren, anstrengen oder entspannen können. Genau diese Erfahrungen mit sich selbst führen zu einer immer realistischer werdenden Selbsteinschätzung, die weniger Anspannung und Verunsicherung im Tagesablauf mit sich bringt.

Es geht um zunehmende Eigenregulation, anfangs dank guter Beobachtung mit passender Hilfestellung, dann aber recht bald aus dem vom Kind selbst gespürten eigenen Antrieb:
- „Wie fühle ich mich heute?"
- „Wo möchte ich heute zuerst (allein oder mit anderen zusammen) hin?"
- „Was möchte ich heute ausprobieren?"
- „Mit wem möchte ich heute etwas gemeinsam machen?"

Bei diesen Fragen geht es konkret um eine selbst bestimmte Ortswahl oder eine bewusste Tätigkeits- oder Spielpartnersuche. Aufgrund guter Vorerfahrungen kann so zumindest ein älteres Kind davon ausgehen, dass die gemeinsame Aktion heute „klappen wird", also zum Beispiel ein interessantes Spiel erwartungsgemäß mit wenigen Störungen – stressfrei – ablaufen kann.

> Diese Echtzitate von Kindern zwischen vier und sechs Jahren beeindruckten bei Beobachtungen bei laufendem Betrieb in verschiedenen Einrichtungen:
> ▶ „Heute will ich mich in Mathe reindenken. Vielleicht ist Rosmarie (Fachkraft) schon da? Mit ihr zusammen bin ich ganz toll im Rechnen!"
> ▶ „Weißt du schon? Heute gibt's wieder einen Bewegungsparcours, es ist nämlich Dienstag. Da können wir auf drei verschiedenen Wegen zum Ziel kommen. Das finden wir alle gut!"
> ▶ „Der beste Auftrag, ein Profi-Auftrag, ist, wenn wir uns eine Werkstatt mit Laden aufbauen dürfen, zum Beispiel für Seifenblasen. Da braucht es ein Rezept, natürlich eine Menge Verpackung, ein Gefäß und den Puster!"

3.2 Klare Freiräume und wenige wichtige Regeln

Wenn ein Kind seine Freiräume kennt und täglich spürt, lernt es nicht nur, sie zu nutzen, sondern auch, wie es so selbst auf seine tagesaktuellen Bedürfnisse passend und somit stressfreier reagieren kann. Zwischen einigen Alternativen selbst wählen zu können – in einer guten „Offenen Arbeit" immer möglich – kann den gesamten Tagesablauf konfliktfreier machen, für die Kinder und für die Fachkräfte.

Was man hier darf – und was nicht

Für jedes Kind in jedem Alter ist es wichtig, aber selten klar benannt, zu erfahren, „was man hier darf". Meist ist auf Spielplätzen oder auch in Einrichtungen jedoch zu lesen „Was man hier nicht darf!". Und zwar in großen Buchstaben und mit erklärenden Zeichnungen. Es beeindruckt uns bei Beobachtungen bei laufendem Betrieb immer wieder, wie wichtig es Kindern ist, zu wissen, was sie in ihren Räumen, in einem Themenbereich machen dürfen oder machen können. Ebenso bekommen Besucher recht schnell erzählt, was man hier nicht machen darf! Abweichungen vom „Regelhaften" müssen offensichtlich erklärt und souverän angegangen werden.

Regeln sollten immer wieder durchdacht und auf aktuelle Gültigkeit (ihr Haltbarkeitsdatum) überprüft werden. Denn: Sind sie zu streng, schränken sie Handlungsspielräume ein und zeigen meist nicht deutlich auf, was erlaubt ist. Häufig dominieren Regelwerke, die vor allem

3.2 Klare Freiräume und wenige wichtige Regeln

Nicht-Erlaubtes aufzählen. Hier einige Beispiele mit Ausschnitten aus Regelwerken von Lothar Klein (2014, S. 12):
- In diese Bauecke dürfen Kinder erst ab fünf Jahren!
- Ohne Anfrage dürfen Turngeräte nicht ausgeräumt werden!
- Angefangene Spiele fertigspielen!
- Im Gruppenraum wird nicht gerannt! Rennen ist verboten!
- Kein Werkzeug mit in den Garten nehmen!
- Wenn es regnet: reinkommen!
- Wir müssen mindestens einen halben Becher trinken!
- Beim Essen gehen wir nichts aufs Klo!
- Spielmaterial muss in den jeweiligen Ecken bleiben!
- Zwei Kinder pro Gruppe dürfen zur Wasserstelle!

> Eine Beschreibung der **Kita-Regeln aus der Sicht der Kinder** (Echtzitate) sollten wir uns am ehesten folgendermaßen vorstellen:
> - „Ich darf entscheiden! Ich werde gefragt! Ich kann und darf immer mehr."
> - „Ich weiß, was man hier machen kann, was es zu tun gibt."
> - „Ich habe eine Stimme."
> - „Ich darf schon beim Ankommen entscheiden, wo ich spielen und arbeiten will."
> - „Wenn ich ein bisschen rennen muss, darf ich immer raus."
> - „Im Atelier krieg´ ich mich am besten wieder ein."
> - „Ich werde gehört! Es gibt bei uns ein Beschwerdemanagement."
> - „Wenn es Streit gibt, hilft uns jemand von den Großen."

Das heißt mit anderen Worten: Klar haben wir einige wenige, aber ganz wichtige Regeln. Darauf kann ich mich verlassen! Es gibt Voraussagbarkeit von Reaktionen, aber dadurch auch eine verlässliche Beantwortung.

Die Wiedererkennbarkeit von Ereignissen

Hier einige Fragen von Teams während einer Hospitation:
- Wie wichtig ist die Wiedererkennbarkeit von Abläufen? Und heißt das dann, dass alle Tage gleich sein müssen?
- Wie regelhaft sollten die Stationen im Tagesablauf gestaltet werden, um Unsicherheiten zu vermeiden?
- Was ist wichtiger: Routinen oder Abwechslung?
- Welche Bedeutung haben „sichernde" Rituale in der Krippe?
- Gelten diese Rituale in gleichem Maße auch für ältere Kinder im Kindergarten der Kita?

Die Wiedererkennbarkeit von Ereignissen und regelmäßige Tagesabläufe bieten allen Menschen Regulationshilfe und haben dadurch einen beruhigenden Effekt. Auch die Verlässlichkeit täglich identischer Abläufe wird als Entspannung erlebt. Aber das heißt nicht, dass deshalb alle Tage genau gleich ablaufen müssen, schon gar nicht in der Kita oder Grundschule.

Für das Befinden eines Kindes sind ihm vertraute Räumlichkeiten und bekannte Tagesabläufe von Bedeutung. Dennoch machen sich früh Temperamentsunterschiede zwischen den Kindern bemerkbar: So gibt es Kinder, die Unerwartetes – Nicht-Vorbereitetes, in dieser Form noch nicht Bekanntes – eher verunsichert und die diese Situationen mitunter, je nach aktueller Tagesform, mit nicht erwarteter, aggressiver Abwehr beantworten. Und genauso gibt es Mädchen oder Jungen, die vor Freude in die Hände klatschen oder vor Begeisterung in die Luft springen, wenn Unvorhergesehenes passiert – ein emotionaler Zustand, der ebenfalls wohlgemut begleitet werden muss.

> Die große, stabilisierende Bedeutung von Ritualen muss nicht zwangsläufig zu der pädagogischen Konsequenz führen, es dürfe nie Veränderungen und keinerlei Ausnahmen von der Regel oder womöglich nie tagesaktuelle Besonderheiten geben. Denn einen Wechsel zu verkraften, zu bewältigen, ist eine wichtige Lernerfahrung bereits im Kindesalter. Veränderungen gehören zur Alltagsbewältigung dazu und sind somit ein Lernthema für Kitas.

Auch in der Krippe darf es, nein, sollte es Ausnahmen von der Regel und bewusst geplante Abwechslungen geben, denn nur so kann ein Kind Erfahrungen mit sich selbst in verschiedenen Situationen oder bei der Teilnahme an besonderen, nicht immer vorbereitbaren Anlässen machen. Möglichst klar definierte und nachvollziehbare Freiräume in verschiedenen Bereichen sowie einige wenige, aber eindeutige Regeln verringern „von außen" regulierungsbedürftige Aggressionen.

Eine gute Begleitung sollte durchaus auch bewusst gestaltete positive Irritationen zulassen. Dazu gehört es zum Beispiel,
- Veränderungen im Raum immer gemeinsam mit den Kindern in die Wege zu leiten, angeregt durch ausgewertete Beobachtungen und Befragungen der Kinder, die auf einen vom jetzigen Stand abweichenden Bedarf hinweisen;
- einen bewusst freien Zugang zu ausgewählten Materialien schaffen, denn diese Wahlfreiheit bedeutet für das Kind nicht nur, selbstbestimmt handeln zu dürfen, sondern auch die Erfahrung: Die Fachkräfte trauen mir zu, dass ich mich selbst orientieren kann.

Dieses Verständnis hat in den Einrichtungen an Bedeutung zugenommen, als immer mehr Kinder aus anderen Ländern und vor allem auch Kleinstkinder oder Kinder mit anderen

Muttersprachen in die Einrichtungen kamen. Ein bewusst freier Zugang zu ausgewählten Materialien signalisiert auch:
- „Ich darf hier sein und darf hier spielen!"
- „Ich darf, aber muss nicht nach allem fragen, mit vielen Dingen in der Kita komme ich auch schon allein zurecht!"

Warum machen wir das so – und nicht anders?

„Warum machen wir das eigentlich so? Warum nicht so?" sind wichtige Sinnfragen, die in den Teams immer auf der Beobachtungsbasis geklärt werden müssen. Zur Tradition gewordene Alltags-Barrieren, die nicht im Blick der Fachkräfte sind und deshalb auch von niemandem hinterfragt, geschweige denn verändert werden, können Kinder im Tätigkeitsablauf verstimmen, motivationslos, wenn nicht sogar aggressiv machen. Das gilt bereits für gut angekommene Krippenkinder, die nach Neuem suchen, aber besonders für die Großen in den Einrichtungen. Deshalb sollten Teams immer wieder von sich aus oder unter Zuhilfenahme des Blicks „von außen" auf eigene Barrieren im Kopf achten, diese gegenseitig erkennen und gemeinsam zu überwinden versuchen.

> Dazu ein Beispiel von einem Teamtag einer großen Einrichtung: „Warum haben wir uns eigentlich an dieser Stelle zu einem generellen Nein entschlossen, das selbstverständlich bleibt, wenn es für uns alle und für die Kinder Sinn macht? Wenn dies aber nicht der Fall ist, das Nein zum Beispiel die großen Kinder ausbremst und aggressiv macht, müssen wir neu denken!"

Hier noch einige nachdenkenswerte Aussagen, durch die es – verständlicherweise – oft zu Konflikten zwischen Fachkraft und Kind kommt, was aber leider nicht immer zu kritischen Auseinandersetzungen im Team über die Bedeutung dieser infrage gestellten Regeln führt. Inzwischen stoßen entsprechende Aussagen auch auf das Unverständnis von Eltern:
- „Von Mädchen erwarte ich, dass sie von sich aus aufräumen, die Jungen brauchen da mehr Unterstützung." Mit Sicherheit ist ein genderbewusstes Handeln kein Spezialthema in dieser Kita!
- „Unsere Jungen sind die Könige der Bauecke!" Eine Vergrößerung des Baubereichs oder zwei verschiedene Plätze zum Bauen, mit bewusst unterschiedlichen Baumaterialien, würde bewirken, dass vor allem fünf- und sechsjährige Mädchen und Jungen, getrennt oder zusammen, völlig andere Gebäude und Siedlungen im Kopf und dann auf dem Bauplatz entstehen lassen könnten.
- „Wir machen immer im Morgenkreis Sprachübung, da sind alle dabei und müssen sowieso ruhig sein." Derart ritualisierte Sprachübungen wecken nicht die Sprechfreude eines Kindes und sind eigentlich „nicht der Rede wert".

- „Die Kinder sollen bei uns alles essen, zumindest alles probieren!" Durch derartige Vorgaben wird die Grenze zum Fehlverhalten der Fachkräfte schnell überschritten und damit zu einem ernstzunehmenden Kinderschutz-Thema in der Kita (LVR 2019).
- „Bei uns schlafen die Dreijährigen nicht mehr! Deshalb haben wir für Betten oder Lager auch keinen Platz vorgesehen." Auch diese Einstellung ist ein für den Umgang mit Diversität und gleichzeitig für den Kinderschutz in der Kita relevantes Thema.

3.3 Direkt beobachtbare Gründe für häufige Konflikte

Müdigkeit beim Start am Morgen, aber auch am frühen Nachmittag, wenn kein erholsamer Mittagsschlaf oder eine lautstärkeregulierte genussvolle Siesta-Zeit stattgefunden hat, kann ein eindeutiger Grund für erhöhte Konflikthäufigkeit sein. Ein für die Kleinen zeitlich vorgezogenes Essen und eine liebevoll begleitete und deshalb stressabbauende Schlafens- oder Ruhezeit gehören zu den Grundbedingungen einer professionellen Krippenbetreuung.

Ein weiterer Grund für Verzweiflung und für scheinbar aus dem Nichts entstandene aggressive Auseinandersetzungen kann das Empfinden sein, schon alles in der Einrichtung „abgespielt" zu haben und hier nicht mehr genug Neues zum Tun und Denken zu finden. Das ist speziell ein Problem für die großen und weit entwickelten Kinder, die schon seit Jahren in der Einrichtung sind.

Gerade in der Gruppenpädagogik, ohne eine gute Form der pädagogischen Öffnung mit mitwachsenden Erfahrungsräumen und dafür „brennenden", sich spezialisierenden Fachkräften, muss dieser mit dem Alter der Kinder zunehmende Qualitätsverlust gesehen werden, damit verständlicher Unmut der Kinder aufgrund von Defiziten in der Lernbegleitung verhindert werden kann.

Gerade heute muss besonders darauf geachtet werden, denn die meisten Kinder sind aktuell über fünf Jahre immer in denselben Räumlichkeiten, die hoffentlich nicht mit jahrelang identischem Material ausgestattet sind. Ansonsten sind es immer dieselben Spielsachen, auf die sie treffen, dieselben Bücher, die von denselben Fachkräften vorgelesen werden (Haug-Schnabel et al. 2020).

Nach vielen Fortbildungen zum Thema „Umgang mit Aggressionen" sind in engagierten Teams bereits gut umsetzbare, aggressionsmindernde Ansätze im Einsatz.

Ein wichtiger Startimpuls für sich schnell auswirkende Verbesserungen ist es, folgender Frage nachzugehen: Gibt es genug Neues zu denken und zu tun – gerade auch für unsere großen Kinder, die bereits etliche Jahre in der Einrichtung sind?

Diese für professionelle Teamplanungen zunehmend wichtige Frage ist eigentlich nur zu beantworten, wenn – je nach Größe der Einrichtung – ein oder zwei Tage bei laufendem

Betrieb vorab beobachtet wird und die Ergebnisse differenziert ausgewertet und dem Team vorgestellt werden.

Der Fachkraft-Kind-Schlüssel sowie die Haltung zur Altersmischung wirken sich auf von Unruhe geprägte Situationen im Kita-Alltag aus – zum Beispiel auf
- die Anzahl aggressiver Auseinandersetzungen,
- die Anzahl von Spielabbrüchen durch Unruhe oder Missverständnisse,
- das Vorhandensein oder eben nicht Vorhandensein altersgemäßer Frustrationstoleranz der Kinder.

Eine Blickschulung für aggressionsauslösende Situationen ist für pädagogische Fachkräfte wichtig (siehe auch Seite 32ff.). Eine qualitätsbewusste Beantwortung der in vielen Entwicklungsbereichen sich deutlich unterscheidenden Kinder basiert auf einem am individuellen Mädchen und am individuellen Jungen orientierten Blick. Dieser Blick sollte auch bewusst auf das Alter und den Entwicklungsstand jedes Kindes gerichtet sein. Zudem sollten auch in reinen Mädchen- oder Jungengruppen genderbewusste Differenzierungen ermöglicht und die Kinder dazu angeregt werden. Wenn es möglich gemacht wird, dass jedes Kind auf seine höchst individuelle Art denken, spielen und mit anderen Kindern agieren kann, ist mit verminderten Konfliktanlässen zu rechnen, denn es gibt einfach weniger Gründe dafür.

Geschlechtsspezifische Ansätze sollten primär an den individuellen Interessen der Kinder ausgerichtet sein und Mädchen wie Jungen das Recht zugestehen, selbst ihre Position in einer auch hinsichtlich Geschlechterbildern immer offen-heterogeneren Gesellschaft zu finden. Jedes Kind ist einzigartig, deshalb können Normaussagen generell nicht zutreffen!

Erziehung sollte die individuelle Selbstentwicklung jedes Kindes ermöglichen. Sie sollte auch kein Kind in ein Korsett zwängen, unabhängig davon, ob es in seinem Auftreten an idealtypischem oder eher untypischem Verhalten orientiert ist. Erziehung sollte das Recht des Kindes auf Individualität betonen und stärken sowie seine Vorlieben und Neigungen grundsätzlich akzeptieren und ihm hierfür ein möglichst breites Spektrum an Aktivitäten und Orientierungen eröffnen, die individuell und altersgemäß mitwachsen müssen.

Zutrauen in Entwicklungsfortschritte

Nachgewiesenermaßen ist das Zutrauen in Entwicklungsfortschritte ein aggressionssenkendes Vorgehen. So geht es in Sachen Interaktionsqualität und Partizipation um die pädagogische Haltung zur Selbstbildung des Kindes und zur Eigenreflexion der Fachkräfte über ihre eigene Rolle als Lernbegleiter und Lernbegleiterinnen auf seinem Weg. Bei diesen Überlegungen darf es nicht nur um kognitive Ziele gehen, sondern auch um die Bandbreite des Umgangs mit vielfältigen Gefühlen.

Räume und Fachkräfte müssen jedes Mädchen und jeden Jungen zum engagierten Weiterdenken locken. Deshalb ist es die Aufgabe aller Teams, sich zu fragen: Haben wir diese Herausforderung täglich in unserem pädagogischen Blick? Denn Unmut über Langeweile durch ausgebremste Aktivitäten und unruhig machende Denkarmut können – durchaus nachvollziehbar – aggressiv werden lassen.

Um dies zu verhindern, dürfen nicht jahrelang dieselben, in Ablauf und Ausgestaltung identisch vorbereiteten Basteleien zur gezielten Beschäftigung angeboten werden – für alle Kinder dasselbe zur selben Zeit und in der identischen Zeitdauer.

Kinder, die wirklich vielfältig auf die heutige Welt vorbereitet werden sollen, brauchen mehr, zum Beispiel professionell gestaltete Umgebungen. Was bedeutet das genau? Und sollten die Profiräume dann in allen Einrichtungen gleich aussehen (Haug-Schnabel & Wehrmann 2012)? Nein! Es geht bei diesem Ziel um mit den Interessen der Kinder mitwachsende Räume und Ausstattungen, in denen alle Kinder gemäß ihrer Bedürfnisse, Interessen und Fähigkeiten vielfältig Teilhabe erleben und – mal allein, mal in der Kleingruppe oder mit vielen jungen Quer-Denkern, die es schon in den Krippen gibt – gemeinsam Erfahrungen sammeln können: „Ich will heute andersrum durch den Tunnel krabbeln, muss ich dann rückwärts krabbeln?", fragt ein rund zweijähriges Mädchen aus Südtirol.

> Oberste Prämisse pädagogischer Arbeit sollte die Sicherung der individuellen Grundbedürfnisse eines Kindes sein. Hierzu gehören das vielfältige Lernen und das selbstständig Denken-Dürfen. Wir sprechen damit eine wichtige Voraussetzung an, um mit Aggressionen umgehen zu lernen und Frustrationen geringzuhalten, um sich schon in frühem Alter zu verschiedenen Gruppen zugehörig zu fühlen, immer mehr verstehen zu können und Vielfalt schätzen zu lernen, ohne davon überfordert zu werden.

3.4 Immer Kooperation oder auch mal Konkurrenz?

Was wollen wir eigentlich – pädagogisch gesehen? Immer Kooperation und Hilfe oder auch mal aggressiv aufgeladene Konkurrenz und klar gezeigte Überlegenheit? Die Rede ist von zwei deutlich unterschiedlichen Energien im Spiel und in Aktivitäten von Kindern (Haug-Schnabel 2020).

Beim Begriffspaar **Kooperation und Hilfe** haben sicher viele Fachkräfte ein Spielteam vor Augen, in dem die Kinder zusammen, aufeinander bezogen, agieren. Ebenso werden sie mehrheitlich davon ausgehen, dass jedes Kind gemäß seinen jeweiligen Vorstellungen und zur Verfügung stehenden Fähigkeiten das Gruppenspiel mitgestalten kann. Es geht um wichtige Zutaten für ein gemeinsam geplantes Spiel.

3.4 Immer Kooperation oder auch mal Konkurrenz?

Bei den Begriffen **Konkurrenz und Überlegenheit** haben wir wahrscheinlich alle ein deutlich anderes Bild vor Augen. Wir werden eher von offensichtlichen Unterschieden zwischen den Kontrahenten ausgehen, haben vielleicht sogar typische Rangordnungskämpfe im Kopf: Wer ist hier der Boss? Wer hat momentan oder schon länger den Posten der Chefin einer Mädchengruppe inne? Wer hat hier das Sagen und kann nahezu ungestört bestimmen, wenn es etwas zu entscheiden gibt? Es geht auf jeden Fall um einen Wettkampf, der ein eindeutiges Sieger-Verlierer-Ergebnis bringen soll.

Diese beiden, sich deutlich unterscheidenden Spielintentionen und die damit verbundenen Ziele sind in Kita-Gruppen – schon im Alter von zwei bis sechs Jahren - zu finden und situationsübergreifend zu beobachten. Für Fachkräfte ist es wichtig, hierüber Bescheid zu wissen und die Kinder regulierend zu begleiten, da die Erlebnisse schon beachtlich früh für alle beteiligten Kinder ein höchst unterschiedliches Lernfeld – einerseits für ein gemeinsames Teamgefühl, andererseits auch für isolierende Wettkampfgedanken – bieten.

> Für das individuelle Erfahrungskonto scheint es wichtig zu sein, schon früh Kooperation im Alltag zu erleben und möglichst bald daran beteiligt zu werden; aber auch mit Konkurrenzsituationen, die es in jeder Gruppe – altersunabhängig – immer gibt, muss ein Kind zunehmend besser klarkommen.

Dazu zwei interessante Fragen:
- Ab wann kooperieren Kinder?
- Ab wann unterstützen sie sich bewusst und helfen sich gegenseitig?

Die Antwort könnte lauten: Sobald sie merken, dass sie identische Interessen, vergleichbare Absichten und ähnliche Ziele haben wie ein anderes Kind. Es könnten ihnen also die gleichen Erlebnisse und nachfolgenden Erfahrungen wichtig sein, wodurch mit weniger Unwillen und Ablehnungen bei einer gemeinsamen Spielplanung zu rechnen ist.

Kooperation gelingt meist, wenn Kinder miteinander gut klarkommen, sich sympathisch finden und ihre Zuneigung auch während des Spiels regelmäßig zeigen, sich ihrer gegenseitigen Gunst rückversichern. Damit das Miteinander klappt, sollten Mädchen und Jungen bereits vielfältig erfahren haben, dass ihnen gemeinsam mehr glückt, sie zusammen eher Erfolg und vielleicht auch mehr Spaß haben können als bei einem Alleinspiel – womöglich in Konkurrenz zueinander.

Und noch zwei interessante Fragen:
- Ab wann konkurrieren Kinder?
- Ab wann haben Kinder etwas davon, sich anderen gegenüber überlegen zu zeigen?

Auf diese Fragen könnte die Antwort lauten: Ähnlich früh wie im Fall der Kooperation und in durchaus vergleichbaren Situationen. Denn sobald Kinder gleiche Interessen, identische Absichten und ähnliche Ziele haben, die sie jetzt aber bewusst getrennt voneinander – in Konkurrenz zueinander und somit als Wettkampf – unbedingt allein erreichen wollen, möchten sie als eindeutige Siegerinnen und Sieger gesehen und gefeiert werden.

Viele Faktoren spielen hierbei eine Rolle:
- die individuelle Persönlichkeit eines Kindes,
- sein Entwicklungsstand,
- sein Temperament,
- sein soziales und familiäres Umfeld,
- aber auch das Verhalten seiner Eltern ihm gegenüber, die Reaktionen seiner Geschwister im Familienalltag und selbstverständlich auch der Erziehungs- und Begleitstil der Fachkräfte in den Einrichtungen (Tagespflege, Krippen und Kindergärten).

Vor allem das Verhalten der Erwachsenen in Alltagssituationen, wenn schnelle Reaktionen ohne viel Zeit zum Überlegen erforderlich sind, kann darüber entscheiden, ob kooperative Zusammengehörigkeit oder konkurrierender Wettbewerb mehrheitlich Thema ist und so die jeweilige „Bedeutung" an die Kinder weitergegeben wird.

Kooperatives gemeinsames Agieren und konkurrierender Wettbewerb sind zwei konträre Formen des Sozialspiels; die Kinder entscheiden tagesaktuell, ob eher miteinander oder gegeneinander gespielt werden soll. Wenn diese Spielabsprache klappt, ist es meist egal, wer gewinnt oder verliert – es geht allein darum, zusammen zu spielen. Bei guten Spielabsprachen vorab und spannenden, aber dennoch entspannenden Spielverläufen finden sich oft Kita-Freunde und Kita-Freundinnen.

Für die Entwicklungsforschung ist es immer noch überraschend, woran sich zueinander passende Kinder recht schnell – selbst in großen Kitas – erkennen und sich verständigen, ob sie sich eher miteinander oder gegeneinander, gemeinsam oder eher in einer gegenseitigen Wettkampfsituation zu einem tagesaktuellen Spiel „zusammentun" wollen.

Wenn wir den Geheimnissen unterschiedlicher Einflussnahmen auf ein Spiel auf die Spur kommen wollen, müssen Beobachtungen in den Einrichtungen bei laufendem Betrieb gemacht werden. Sogenannte „Beobachtungen on the spot" zeigen, dass schon im frühen Krippenalter sich gegenseitig unterstützende Kooperationen zwischen Kindern zu beobachten sind. Aber genauso früh gibt es Situationen, in denen isolierende Konkurrenz zu spüren ist. Ein Beispiel dafür ist das Konkurrieren um die Gunst der Fachkraft. Hier kann schon ein bewertender Kommentar oder ein bewertender Vergleichsblick einer Fachkraft auf Kinderwerke dazu beitragen, bereits aktivierte Wettkampfgedanken zwischen den Kindern erneut zu wecken.

Die recht oft Unruhe in die ganze Gruppe bringenden, meist unerwünschten Folgen vieler Wettkämpfe sind ganz besonders zu beobachten, wenn der Blick der Fachkräfte ausschließlich auf individuelles „Können" oder „Eben-noch-nicht-Können" in verschiedensten Disziplinen gerichtet ist und entsprechend in der Gruppe kommuniziert wird: „Nimm dir mal ein Beispiel an Marie! Sie ist heute Morgen gekommen, hat sich hingesetzt und ihr Körbchen fertig geflochten." Wer jetzt nicht Marie doof und das ganze Körbchentheater einfach nur blöd findet, muss ein Engel sein.

Kinder verstehen soziale Zusammenhänge und deren Konsequenzen recht schnell. Sie nutzen unsere Hinweise und deuten sie auf eigene Weise, mal zu ihrem Nutzen, mal zum Schaden eines anderen Kindes

Unprofessionelles Verhalten der Erwachsenen als Ursache für aggressives Verhalten

> Hier eine Auswertung von Beobachtungen bei laufendem Betrieb: Es braucht wenige Wochen in einer Einrichtung, bis auch die Kleinsten durchschaut haben, dass beim Morgenkreis der Platz rechts oder links von der Fachkraft eigentlich nicht begehrenswert ist. Die Kinder verstehen ebenfalls schnell, dass diese Plätze nicht für die Folgsamsten unter ihnen freigehalten werden und keineswegs bei allen Kindern besonders beliebt, sondern eher für auf diese Weise „öffentlich gemachte und dauernd überwachte" Störer reserviert sind.

Mit dem Ziel, häufig störende Kinder besser im Blick zu haben und durch die Nähe schneller regulieren zu können, wird noch in vielen Einrichtungen die Sitzordnung beim gemeinsamen Morgenkreis geplant und vermittelt. Es handelt sich bei diesem Vorgehen um eine – übrigens bis in die Grundschulen – durchaus übliche, jedoch wenig reflektierte Maßnahme, um Unruhe zu vermeiden.

Hier wird gruppendynamisch nicht berücksichtigt, dass mit dieser Sitzzuordnung den „Nichtstörern", die ihren Platz im Morgenkreis selbst wählen dürfen, eine Form von Überlegenheit gegenüber den Kindern mit angeordnetem Sitzplatz suggeriert wird. So werden auf unprofessionelle Weise unnötige Konkurrenz, aber auch Außenseitergefühle entfacht und täglich geschürt. Das Kind hat dann gar keine andere Wahl mehr, als aggressiv auf sich aufmerksam zu machen.

Neben solchen „Teufelskreisen" kann es auch pädagogisch hervorgehobene „Engelskreise" geben. So geben Fachkräfte recht oft Hinweise auf beachtenswerte Leistungen eines Kindes oder seine tollen Ideen, was von den anderen Kindern durchaus wahrgenommen und auch häufig – selbst Fremden gegenüber – thematisiert wird. Beide Erfahrungen – Engels- und Teufelskreis – tragen direkt oder indirekt zum Befinden eines Kindes bei und können sein Verhalten wie auch seine Weiterentwicklung beeinflussen.

„Unkomplizierte" Kinder erleben mehr positive und somit entlastende Akzeptanz und häufiger bestätigende Signale zur Gruppenzugehörigkeit durch die Fachkräfte. Erkennbar gemachte Störer und Spielverderber wie auch Kinder, bei denen häufig mit kaum kontrollierbaren Ausbrüchen zu rechnen ist, bekommen deutlich weniger zugewandte Ansprache und weniger verbale und körpersprachliche Signale der Verbundenheit.

Kinder kooperieren meist aus reiner Lust, manchmal auch bewusst, um voneinander zu lernen

Mal Kooperation, aber auch mal Konkurrenz zu spüren kann Kinder schon in frühem Alter glücklich machen und motivieren, über bisherige Grenzen hinauszugehen, mehr zu wagen und mehr zu fordern (siehe Seite 56ff.). Aber das gilt nicht für jedes Kind! Manche Kinder werden durch Konkurrenzsituationen eher entmutigt, wenn nicht sogar ausgebremst.

Bewusst zu kooperieren, um sein individuelles Wissen und Spezialisten-Können in die Gesamtgruppe einzubringen, sich mit anderen Profis über nächste Schritte auszutauschen, ist wichtig. Es sind auch Kinder zu beobachten, die sich gegenseitig sogar beim Überwinden von Schikanen unterstützen, eine echte Kooperationsleistung im frühen Alter. In der Erwachsenenwelt wird eine derartige „Spezialeinheit" ein „Task Force Team" genannt.

Kinder kooperieren meist aus reiner Lust. Sie wissen genau, wer was besonders gut kann, sie lernen viel voneinander, ahmen sich gegenseitig nach, bringen neue Ideen ins Geschehen und verändern einen Spielverlauf auf ihren Wunsch hin. Wenn sie miteinander befreundet sind, helfen sich Kinder auch gegenseitig, damit das Spiel nicht gestört wird und eine allen Freude machende Aktion weitergehen kann.

Hoffentlich kommt jetzt kein Erwachsener mit einem Spielabbruchsignal: „Aufräumzeit!" Vor allem engagiert spielende Kinder macht dieses Signal unglücklich, wenn nicht sogar wütend, und wird in der täglichen Praxis viel zu wenig sensibel begleitet. Das kann, keineswegs überraschend, zu heftigen Aggressionen führen, die dann als „völlig unnötig" bezeichnet werden.

Gerade bei genussvoll gelungenen Spielformationen muss es eine wohlbedachte Übergangsbegleitung durch die Fachkräfte geben. Armin Krenz hat in einem seiner Vorträge vom „qualvollen Verlust einer nie mehr umzusetzenden Spielidee gesprochen", eine Form von Traurigkeit, die nicht alle Kinder mit einem leicht frustrierten Achselzucken abtun können. Hier geht es um schnell Aggressionen auslösende, weil eben noch nicht allein verkraftbare Übergangssituationen. Was gehört hier zu einer professionellen Begleitung?

▶ Frühe Ankündigung des Spielendes – etwa 15 Minuten vor Schluss
▶ Kurze Aufzählung und dadurch genussvolle Rückerinnerung der wichtigsten Spielschritte
▶ Sprachliche Sammlung der tollsten Ideen im Spielablauf

▶ Benennen der größten zu bewältigenden Schwierigkeiten und kaum überwindbaren Hindernisse
▶ Angebot, einige wichtige Spieletappen durch Fotos festzuhalten zu können
▶ Gemeinsame „Schutzmaßnahmen" für tolle mehrtägige Projekte (vor Wetter- oder Putzschäden durch Reinigungskräfte)
▶ etc.

Die komplexen Zusammenhänge von Peer-Interaktionen sind von Entwicklungs- und Kleinkindforschern vielfach nachgewiesen und bearbeitet worden. Schneider und Wüstenberg (2014) halten diese Erfahrungen in der Kommunikation zwischen Gleichaltrigen mit all ihren Anforderungshochs und Verzweiflungstiefs für eine eigenständige und durch nichts zu ersetzende Lernwelt der Kindheit.

Es geht um im Alltag situationsübergreifend erlebte Kooperation und Unterstützung, die bei guter pädagogischer Assistenz zu früh erweiterten Gruppenerfahrungen mit emotional stabilisierenden Teamgefühlen führen können. Ebenso gehören als angenehm anregend empfundene Wettkampfsituationen dazu, die auf Forschungsseite noch immer selten in den Blick genommen und auch in Aus- und Weiterbildung noch zu wenig empathisch und differenziert reflektiert werden.

Von den Fachkräften – wie auch von Eltern – wird in aller Regel noch zu wenig bedacht, wie lehrreich und deshalb wichtig eine von Kindern selbst angeregte Lösung für ein anstehendes Problem oder ein Streit, der das Weiterspiel eigentlich unmöglich machen müsste, sein kann. Sich hierüber, alle Bedenken berücksichtigend, miteinander zu unterhalten, wird das Interesse auch der nicht am direkten Geschehen beteiligter Kinder wecken und so ein echte Gruppenerfahrung darstellen.

Zu einer Gruppe gehören, die nicht meine Familie ist

Zu einer Gruppe außerhalb der Familie zu gehören ist für fast alle Kita-Kinder eine neue Erfahrung. In diesem Zusammenhang lohnt nochmals ein Blick auf bislang eher kritisch eingeschätzte Konkurrenzsituationen, die aber für Mädchen wie Jungen spätestens ab dem Alter von drei oder vier Jahren besonders wichtig zu werden scheinen.

Offensichtlich geht es um von den Kindern eigeninitiiertes Kräftemessen, also um Wettkämpfe in selbst aufgesuchten oder selbst aufgebauten Konkurrenzsituationen: Ich will etwas über mich erfahren, indem ich mich mit anderen Kindern vergleiche, also mit ihnen in einen Wettstreit gehe!

Oft geht es auch darum festzustellen: Wo stehe ich innerhalb der Gruppe? Wir Erwachsenen würden uns fragen, wie die eigene Position in der Rangordnung ist. Allgemein geht es „natürlich" um die Frage: Wer steht hinter mir? Auf wen kann ich mich verlassen? Und es geht um Überlegenheit und gesuchte Herausforderungen in frühen Wettkampfsituationen, um „verlässliche Gefolgschaften", die man kennen sollte: Wer steht hinter mir und gehört zu meiner Bande?

Diese Erfahrungen werden von der Kindheitsforschung als ein von den direkten Einflüssen der Erwachsenenwelt weitgehend unabhängiges, also zusätzlich wirkendes Lern- und Erfahrungsfeld unter Kindern eingeschätzt, das immer im Blick der Fachkräfte sein sollte und eine gute, professionelle Begleitung nötig macht.

Kooperation und Konkurrenz gehören zu den beiden ersten Erfahrungen in Gruppen: ein völlig neues Lernfeld, in dem viel passieren kann, mit dem das Kind nicht gerechnet hat und auf das es noch nicht vorbereitet ist. Bereits ganz früh merken sich die Kinder psychosoziale Szenen für ihre nächsten Entscheidungssituationen. So lernen sie – auch mal ganz ohne Erwachsene – viel über Gruppenphänomene, zum Beispiel, wann man kooperieren sollte und wann man als Konkurrent ruhig etwas forscher, ja dominant („Ich bin der Chef hier!") auftreten kann.

Starten wir mit den besonders spannenden frühen Kooperationserfahrungen, die vermutlich durch selbst erlebte und in der Kindergruppe mit großem Interesse verfolgte gegenseitige Hilfestellungen angeregt werden. Frühe Peer-Teamgedanken sind beobachtbar, wenn ein Kind zum Beispiel einem anderen Kind den weggerollten Ball zurückbringt, damit es (vielleicht jetzt auch mit mir?) weiterspielen kann.

> Hierzu eine beeindruckende Beobachtung in einer Eingewöhnungssituation: Ein vor wenigen Minuten in der Einrichtung angekommenes und nach kurzem Weinen bereits spielendes Kind nimmt seinen Schnuller aus dem Mund und bringt ihn einem noch weinenden, kaum jüngeren Kameraden, von dem sich seine Mama gerade verabschiedet hat. Eine offensichtliche Trostgeste. Das Kind leiht seinen gerade wieder als wirksam erkannten Trostspender an das bedürftige andere Kind aus.
> Voraussetzung für dieses Handeln: Das Kind muss den momentanen Zustand des nach ihm ankommenden Kindes nachempfunden haben, um ihm das übergeben zu können, was ihm vor wenigen Minuten selbst noch gutgetan hat. Eine derartige Situation kann als extrem frühe Perspektivenübernahme und auch als Szene emotionaler Kooperation bezeichnet werden. Kooperation, weil das noch weinende Kind sich den geliehenen Schnuller in den Mund steckte und hinter dem „Spender" herlief.

Alles, was mit Aggressionen zu tun hat, hat auch mit Erziehung und Vorbild zu tun. Was erlebe ich als Kind in meiner Familie und in der Kita? Was erwarte ich, womit rechne ich in bestimmten Situationen? Das familiäre Vorleben, die vielen Modelle in der Kita, die aktuelle Tagesform nehmen Einfluss auf die Bewältigung stressender Situationen.

Miteinander leidenschaftlich zu konkurrieren, seine Überlegenheit zu spüren, diese auch zeigen und situationsübergreifend erfolgversprechend einsetzen zu können steckt in jedem Wettkampfspiel, das wir in Kindertageseinrichtung und Schule anbieten, also für altersgemäß und durchaus bildungsrelevant halten. Zu konkurrieren, um sich gegenseitig zu messen, um als einzelnes Mädchen, als einzelner Junge für sich, aber auch für sein Team Sieger zu sein, ist der Hauptantrieb für mitunter herausfordernde – wenn nicht sogar ängstigende und nahezu überfordernde – Wettkämpfe zwischen Kindern.

Man muss wichtige Lebenserfahrungen in vielen verschiedenen Gruppen machen und sammeln, denn es geht sowohl um Dazugehörigkeitsgefühle (Teamgefühle) als auch um Abgrenzung und Konkurrenzerleben. Und das beginnt bereits in der Krippe. Enderlein bringt es für Grundschulkinder auf den Punkt: „So tun sich immer und überall Kinder, die etwa zwischen sechs und zwölf Jahre alt sind, zu gemeinsamen Aktivitäten zusammen. Ob in der analogen Welt oder online: Man trifft sich und tauscht sich über gemeinsame Interessen, Vorlieben und Abneigungen aus. Man erkundet auf eigene Faust und auf eigenes Risiko die Welt außerhalb des von Erwachsenen gezogenen Zauns. Man setzt sich mit Altersgenossen auseinander, testet, wo die Grenzen der Verletzlichkeit bei anderen liegen und misst sich im Wettkampf" (2019, S. 18f.).

Kinder schließen sich auch in altershomogenen Gruppen zusammen und grenzen sich gegenüber jüngeren und älteren ab, unabhängig davon, ob das in der analogen Welt oder online passiert. Es geht darum, seine Gruppe und deren Grenzen zu finden.

Das richtige Maß an Kooperation und Konkurrenz einzusetzen ist wichtig, das merken Kinder bald. Fehlt diese Balance, verlieren sie den Kontakt zu den anderen, zu ihrer Gruppe. Mit anderen zusammen gemeinsame Aktionen zu planen und diese in Taten umzusetzen kann eine Idee erst machbar und vielleicht sogar erfolgreich machen. Kinder müssen vielfältig spüren können, wie wohltuend es ist, wenn sie aus eigener Kraft etwas bewirken und erreichen und die Stärke von Gemeinsamkeit und Kooperation erleben. Genauso braucht es – allein und in Gruppen – eine sicht- und spürbare Wettkampfbereitschaft. Es braucht aber auch das Aushalten der sich automatisch hin und wieder einstellenden Konkurrenzgefühle und Unterlegenheitssituationen. All das muss man lernen, von souveränen Erwachsenen.

Eine große und wichtige Erfahrung der Kindheit: Das Ich im Wir entdecken! Ein Kind hofft, dass da jemand ist, der so denkt, wie es selbst, der auch verrückte Ideen hat und dauernd neue Pläne im Kopf entwirft. Vielleicht jemand, der mit mir zusammen etwas machen möchte, der sich für mich und meine Ideen interessiert, der zu mir hält, mir vielleicht sogar hilft, wenn ich mit etwas allein nicht klarkomme (Haug-Schnabel et al. 2020).

Für die Bildung und Stärkung sozial-emotionaler Kompetenzen braucht es andere Kinder und eine sensible Entwicklungsbegleitung seitens der pädagogischen Fachkräfte. Die Bedeutung sozial-emotionaler Kompetenzen muss den Fachkräften im Kita-Alltag und in der Schule bewusst sein, um sich in entscheidenden Gruppensituationen angesprochen und aufgefordert zu fühlen, die Kinder in diesen zukunftsorientierten Lern- und Übungsfeldern im Blick zu haben und kompetent zu begleiten.

Kompetente Begleitung kann Unterschiedliches bedeuten: Mädchen und Jungen bestätigen und unterstützen, sie aber auch zum nochmaligen Nachdenken, wenn nicht sogar Umdenken bewegen. Was wollen wir nicht, weil es andere Kinder beschämen und dadurch „verletzen" würde?

Eine Kindergruppe von Krippe und Kindergarten ist ein erstes differenziertes Lernfeld für das Erleben von Aggressionen und deren Wucht. Aber auch Kooperation, gegenseitige Unterstützung und konkrete Hilfe sind basale Lernerfahrungen im großen Feld des Gruppenlebens.

4. Aggressions-vermeidende Bildungsbegleitung – vor allem für Jungen?!

Haben wir diese pädagogische Grundanforderung wirklich im Blick? Jedes Kind hat ein Recht auf Bildung, das heißt, auf die Beantwortung seiner Interessen und aktuellen Bildungsthemen. Das setzt allerdings voraus, während der gesamten Öffnungszeit die individuellen Bildungsbemühungen der Kinder, der unterschiedlichen Mädchen wie der unterschiedlichen Jungen, im Blick zu haben, um sie alle möglichst zeitnah – nach Absprache mit dem Team – im Alltag umzusetzen, was die Aggressionsanlässe aus Unterforderung und Frustration senken wird.

Es lohnt sich, über „hausgemachte" konfliktfördernde Vorgaben in Einrichtungen nachzudenken, die erst bei einer internen oder externen Evaluation bei laufendem Betrieb deutlich werden können. Zu oft ist eine „pädagogische Unterversorgung", wenn nicht sogar echte Mangelsituation speziell für Jungen festzustellen, die dann zu Notaggressionen greifen müssen, weil sie „auf dumme Gedanken kommen" und dabei bisweilen „über die Stränge schlagen"!

„In unserer Bauecke dürfen immer nur maximal fünf Jungen – wenn Mario dabei ist, nur vier, oder sechs Mädchen(!) – gleichzeitig bauen, weil es sonst mit großer Wahrscheinlichkeit wieder Stress geben wird." Die andere Möglichkeit, um vermeintlich Stress zu vermeiden: Nach spätestens 30 Minuten muss die ganze Kindergruppe den Bereich wechseln, was engagierten Konstrukteuren und einem erst vor Kurzem ins Spiel eingebundenen Kind mit Sicherheit unpassend, wenn nicht sogar als ungerecht erscheinen wird.

Begehrte, aber beengte Spielbereiche oder Aktivitätsflächen werden in Kitas oftmals hinsichtlich der jeweilgen personellen Besetzung sowie der maximalen Verweildauer begrenzt, weil es keine andere machbare und zufriedenstellende Lösung zu geben scheint. Genau diese vorgegebene Begrenzung (wie auch „Heute-geschlossen-Räume") steht im Verdacht, dass sie zumindest einige der aktiven Kinder unnötig verunsichert, wenn nicht sogar missmutig macht.

In diesen – zu oft selbstgemachten – „Notsituationen" ist immer wieder zu beobachten, dass, sobald zum Beispiel ein Platz in einer kleine Bauecke frei wird, auch Kinder ohne aktuelle Konstruktionsidee und ohne konkretes Bauinteresse blitzschnell dorthin wechseln. Damit möchten sie das Risiko umgehen, später, wenn ihnen dann wirklich nach Bauen zumute ist, mit dem Kommentar „Bauecke ist bereits voll!" weggeschickt zu werden. Treffen so baubegeisterte Kinder und noch baulich unmotivierte Platzreservierer aufeinander, sind engagierte gemeinsame Konstruktionen kaum zu erwarten. Und die Wahrscheinlichkeit für Konflikte steigt. Sollte es den versammelten Kindern in dieser eher unüblichen Spielkonstellation trotzdem plötzlich richtig Spaß machen, mal ganz anders zu bauen und mit bisher unbekannten Ideen konfrontiert zu werden, wäre auch hier eine Vergrößerung des Baubereichs die wichtigste Gelingensvoraussetzung.

Es fasziniert immer wieder, Kinder, die über Jahre eine gemeinsame Spieltradition aufbauen konnten, beim Spiel zu beobachten. Wie gut kann ein aufeinander abgestimmtes, meist bereits „eingespieltes" Kinderteam mit den großen emotionalen Herausforderungen wie Ge-

3.4 Immer Kooperation oder auch mal Konkurrenz?

winnen oder Verlieren, Angriff oder Verteidigung, Freund sein oder Feind sein, eine Niederlage ertragen müssen, umgehen – vorausgesetzt, allen Beteiligten ist wirklich nach Spielen zumute, alle wollen möglichst lange „mitspielen"! Es geht darum, eine gemeinsame Spielerfahrung aufbauen zu können, wozu Frustrationstoleranz und wenige Hierarchieprobleme gehören, und sich vor allem mit den anderen gemeinsam über das Spiel freuen zu können.

> Moritz, Steffen, Kai und Freddy (alle kurz vor oder nach ihrem sechsten Geburtstag) besprechen beim Mittagessen in der Kita den Plan für eine herausfordernde Spielszene, die am Nachmittag im Garten stattfinden soll. Die vier Jungen sind seit Jahren ein „eingespieltes Team". (Den Planungsgesprächen ist zu entnehmen, dass es ein spannendes und gefährliches Rollenspiel mit einem als „schrecklich" bezeichneten Gegner werden wird.)
> Der „schreckliche Sultan" hat Steffen und Kai gefangengenommen. Moritz und Freddy sollen die beiden möglichst schnell befreien, „bevor es zu spät ist!". Die Gefangenen sitzen hinter einem Stuhlberg und wagen kaum sich zu bewegen, da sie die Grausamkeiten des Sultans kennen und fürchten. (Auch diese emotionalen Besonderheiten sind für den geplanten Spielverlauf wichtig und werden mehrfach angesprochen und explizit benannt.)
> Moritz und Freddy beginnen mit der „Befreiung" von Steffen und Kai. (Währenddessen werden Ideen, die das Vorhaben noch komplizierter machen, ein zu schnelles Spielende also verhindern können, diskutiert.)
> „Jetzt käme so starker Nebel auf, dass wir gar nichts mehr sehen könnten." Mit geschlossenen Augen tasten sich Moritz und Freddy weiter auf der Suche nach ihren Kameraden. (Eine nächste Schikane zur Spielverlängerung wird eingebaut, vielleicht befürchtet einer der Jungen zu wenig Spannung.)
> Der Befreier Moritz wird „kurz vor dem Ziel" von einer Schlange gebissen und kann nur noch auf einem Bein hüpfen, bis Freddy heilende Blätter findet und auf die Wunde legen kann. Als die Gefangenen trotz mehrerer weiterer Schwierigkeiten fast gefunden sind – das Rollenspiel also unweigerlich seinem Ende zugehen würde –, fällt dem „gefangenen" Kai ein neues Hindernis ein: „Achtung, wir sind aber gefesselt und mit Blattsaft betäubt. Ihr könnt uns nicht einfach rausholen, wenn ihr uns gefunden habt. Vielleicht müsst ihr uns sogar tragen!" (Haug-Schnabel et al. 2020)

Eine derartige Regieführung klappt wahrscheinlich nur unter Kindern, die viel gemeinsame Spielerfahrung haben und außerdem die Souveränität, zusammen den Spielablauf und das Spielziel zu definieren: Es soll ein möglichst langes, alle begeisterndes Spiel werden. Man kennt sich, hat klare Erwartungen aneinander. In diesem Setting ist mit starken Emotionen zu rechnen, was für einen als übermächtig gestalteten Gegner auch durchaus passend erscheint.

4.1 Vom pädagogischen Angebot zur professionell-individuellen Beantwortung

Kinder kämpfen darum, möglichst viele Erfahrungen – möglichst allein und selbstständig – machen zu können. Kinder sind Bildungsnomaden! Schon Ein- und Zweijährige wechseln mit ihren „Gedankenschäfchen" immer wieder die Weide, wenn ihnen der alte Platz ideenmäßig abgegrast scheint. Diese – auch motorischen – Wechsel können für den Spielverlauf wichtig sein, als ob den Gedankenschäfchen immer mal wieder zwischendurch neue Gräser und Kräuter für ihren Erfahrungshunger angeboten werden müssten. Nach unseren Beobachtungen scheint es auch für die Hirten der Gedankenschäfchen wichtig zu sein, nicht gedanklich auf der Stelle treten zu müssen, ohne weiterzukommen, ohne das nächste durchaus noch ferne Gedankenziel ins Augen fassen zu können und den Weg dorthin auch selbst zu finden.

Ein veränderter Blickwinkel auf die pädagogische Begleitung von Kindern kann einige – oft durchaus nachvollziehbare – aggressive Verweigerungen unnötig werden lassen. Gerade bei den jüngeren Kindern ist themenübergreifend zu beobachten, dass sie nach nur gut gemeinter Hilfestellung seitens der Erwachsenen frustriert und nicht mehr zu motivieren sind, wieder in das Geschehen einzusteigen und ihr Ding weiterzumachen.

„So, das ist jetzt fertig!" war das abschließende Statement und die tatsächlich punktgenaue Beschreibung der Situation eines Jungen, der beim Bauen mehrmals durch „nur gut gemeinte" Veränderungsvorschläge und „vorsichtiges" Eingreifen einer Fachkraft von seinem Plan und Tun abgelöst wurde – man könnte auch von frustriert werden sprechen.

> Vielleicht kann das Beobachtungsbeispiel von Julia (2;5 Jahre) deutlich machen, wie wichtig es ist, dass eine kindliche Untersuchungsreihe nicht unterbrochen wird:
> ▶ Ort A (Puppenbereich)
>   Julia wickelt **Puppe in Handtuch**
> ▶ Ort B (Rollenspielbereich)
>   Julia wickelt **Puppe in Vorhang** vom Puppentheater
> ▶ Ort C (Esstisch)
>   Julia wickelt **Besteck in Serviette**
> ▶ Ort D (Atelier)
>   Julia wickelt **Pinsel in Wischtuch**
> ▶ Ort E (Garderobe)
>   Julia wickelt **Puppe in zu kleinen Schal**
> ▶ Ort C (Esstisch)
>   Julia wickelt **Puppe und Schal in Serviette**
> ▶ Ort D (Atelier)
>   Julia wickelt ihre **Hand in Seidenpapier**

4.1 Vom pädagogischen Angebot zur professionell-individuellen Beantwortung

> ▶ Ort F (Leseecke)
> Julia versucht, erst eine, dann **beide Hände der Erzieherin um ihre Hand** zu wickeln

Was hier auf den ersten Blick als ein eher „unsteter Spielverlauf" durch das ganze Haus wahrgenommen werden könnte (falls Julia nur punktuell und nicht im Verlauf beobachtet werden würde), stellt sich bei einer genaueren Verhaltensanalyse und deren Auswertung als eine für dieses Alter typische, wohl aufeinander abgestimmte Überprüfungsreihe für mehr Wissen und neue Erkenntnisse heraus. Vielleicht geht es hier schon um eine frühe mathematische, genauer geometrische Erfahrungssuche? Zum Beispiel um die sich selbst gestellte Aufgabe, herauszubekommen, wie groß jeweils eine Fläche sein muss, um Gegenstände unterschiedlicher Größe damit bedecken, darin einpacken oder sogar verschwinden lassen zu können?

Diese häufig zu sehende und immer wieder beschriebene „motorische Unruhe" von Kleinstkindern kann – bei genauerem Hinsehen – durchaus auch als ein intendierter Ortswechsel, als ein beabsichtigter Objektwechsel oder als ein gezielter Personenwechsel gesehen werden. Mit der selbst initiierten Absicht des Kindes, an verschiedenen Stellen mit unterschiedlichen Objekten und oft auch mit wechselnden Interaktionspartnern Erfahrungsvergleiche durchführen zu können, die ihm von Schritt zu Schritt mehr Ergebnissicherheit geben.

> Luca (2;2 Jahre) versucht, mit seinen Händen mehrere Holzbausteine aus dem Bausteinvorrat zur fast drei Meter entfernten Baustelle zu tragen. Dabei verliert er immer wieder einige der eingesammelten Steine.
> Die Beobachtung zeigt: Vor dem nächsten Bausteintransport läuft Luca zuerst zum Marktstand (ein bewusster Umweg!) und holt sich dort einen Einkaufskorb, in den er erneut Bausteine einsammelt. Beim Vorbeilaufen sagt er zu seiner ihn interessiert beobachtenden Erzieherin: „Mehr Steine." „So viele schwere Steine kannst du tragen?", fragt sie ihn staunend. Luca nickt.
> Einige Zeit später kommt Luca erneut, jetzt mit einem Holzlastwagen vorbei, dessen Ladefläche er geschickt mit Bausteinen beladen hat. „Zu schwer!" Mit diesem Kommentar versucht er scheinbar, seiner Erzieherin das nun von ihm erneut getauschte Transportmittel erklären und begründen zu wollen.

Genügend Freiraum kann Wunder wirken, denn seine eigenen Gedanken in Taten umsetzen zu können ist eigentlich schon „innere Belohnung" genug. Doch – wie das Beispiel zeigt – ermöglicht er einem Kind, nicht nur neue Erkenntnisse zu gewinnen, sondern erhöht auch seine Frustrationstoleranz und dadurch die erwünschte Ausdauer bei seinen selbstgewählten oder professionell vorbereiteten Herausforderungen.

Gerade die im Kita-Alter so gefürchtete Aggression aus Frustration wird bei diesen professionell veränderten Erfahrungsmöglichkeiten, zu denen auch genügend Zeit für mehrmalige ungestörte Versuche gehört, deutlich seltener auftreten, was automatisch den selbsterlebten Erkenntnisgewinn vergrößert.

Welche pädagogischen Voraussetzungen seitens der Fachkräfte müssen gegeben sein, damit das Kind derartige aufeinander aufbauende Erfahrungsketten im Auge behalten kann? Denn nur so kann ein Kind – unbeirrt und ohne störende Ablenkung – sein selbst gestecktes Ziel erreichen und muss nicht frustriert schon vorher, wenn es zu einem Missgeschick oder einer Hürde kommt, aufgeben.

In Bezug auf die didaktischen Interventionen der Fachkräfte bedeutet das auch, dass Freiraum – zeitlich und örtlich gesehen – gegeben werden muss, damit ein Nachbessern auf allen Stationen des Aktionenweges überhaupt möglich wird. Ein anweisender Kommentar, es doch besser so zu machen, weil es dann schneller geht, ist damit nicht gemeint!

Um sich die nötigen Voraussetzungen für ein professionell zurückhaltendes Handeln als Frustrationsschutz für das Kind vor Augen zu führen, ist eine Eigenbefragung der Fachkräfte nötig:
▶ Von welchem Kind erwarte ich was?
▶ Wem traue ich was (eher) zu?
▶ Ermögliche ich wirklich jedem Jungen/jedem Mädchen neue Erfahrungen oder habe ich bei machen Kindern Vorbehalte, bremse sie vielleicht sogar aus, bevor es schwierig wird?
▶ Wann schreite ich ein und unterbinde das Geschehen?
▶ Wann drücke ich ein Auge zu? Bei welchen Mädchen und Jungen geschieht das häufiger?
▶ Nicht alle Kinder brauchen dasselbe von mir. Wer braucht mehr von was? Zum Beispiel mehr Zeit zum Nachdenken oder Freiraum, um in Ruhe etwas auszuprobieren?
▶ Für welches Kind ist ein Missgeschick schlimmer als für andere? Es geht um das Thema Frustrationstoleranz!
▶ Wer braucht mehr Anregung, Begleitung, vielleicht auch mehr Schutz und Motivation, um am Ball bleiben zu können und nicht zu schnell aufzugeben?
▶ Wer braucht mehr Platz, andere Materialien oder vor allem mehr unterbrechungsfreie Zeit?

Die Auswertungen von Beobachtungen bei laufendem Betrieb zeigen, dass der jeweilige pädagogische Umgang mit Aggression und Konflikten in Krippe und Kindergarten einen unterschiedlichen Einfluss auf Varianten des aggressiven Ausdrucksverhaltens nehmen kann. Wenn Konflikte als bildungsrelevante Alltagsinteraktionen gesehen und eingestuft werden, muss folgerichtig eine Konfliktbegleitung als pädagogische Aufgabe von hoher gesellschaftlicher Verantwortung für den weiteren Entwicklungsverlauf eines Kindes gesehen werden.

Das soziale Miteinander, das wir Erwachsenen in Krippen, Kindergärten, Schulen und Horten anbieten, ist ein wirkungsvolles Lernfeld für ein Kind. Denn sobald durch neue Erfahrungen im Gruppengeschehen und angesichts miterlebter guter Lösungsmodelle die Sozialkompetenz eines Kindes oder einer Kindergruppe vor aller Augen steigt, gehen die noch entwicklungsbedingten Handicaps Stück für Stück zurück und machen einer veränderten Vorstellung über „gute" Interaktionsverläufe zwischen den Kindern Platz.

4.2 Jungen geraten in den frühen Bildungsjahren öfter ins Hintertreffen

Auch wenn die folgenden Ergebnisse in Grundschulen erhoben wurden, so startet die Jungenbenachteiligung bereits im Kindergarten: Erleben Mädchen und Jungen eine vergleichbar gute Erfahrungsvielfalt und haben Mädchen und Jungen zwar verschiedenartige, aber gleichwertige und gleich vielfältige Erprobungsmöglichkeiten zur Verfügung? Ist die professionelle Begleitung durch die Fachkräfte auch sprachlich differenziert genug, um beide Geschlechter ansprechen, zum Denken motivieren und zu verändertem Verhalten, zum Beispiel weniger Aggressionen, locken zu können?

Wo das nicht der Fall ist, keine geschlechtssensiblen Passungen stattfinden, können durchaus nachvollziehbare Aggressionsanlässe und Auslöser für brisante Situationen speziell für Jungen, die sich sehr gut allein „beschäftigen", auftreten (Brandes 2016). Was könnten Gründe für schlechtere Lernbedingungen und eingeschränkte Erfahrungsmöglichkeiten für Jungen sein?

- Der Anteil männlicher Fachkräfte in Kitas ist gering, der Anteil männlicher Lehrpersonen hat an Grundschulen deutlich abgenommen.
- Männer sind in Kitas und Schulen somit seltener Vorbilder für individuelle Bildungsprozesse.
- Basale Schreib- und Lesefähigkeiten fehlen vor allem den Jungen und damit eine wesentliche Grundlage für den Einstieg und die Weiterentwicklung von vielen Wissensbereichen.
- Speziell Jungen aus sozialökonomisch schwachen Milieus und/oder mit Migrationshintergrund laufen Gefahr, schon früh mit ihren Bildungsleistungen in Rückstand zu geraten und dadurch nur niedrige Bildungsabschlüsse zu erreichen.

Es werden aber noch weitere Gründe diskutiert, zum Beispiel die wichtige Frage: Bekommen Jungen von den überwiegend weiblichen Fachkräften in Kitas zu wenige sie wirklich interessierende und deshalb eher schwach motivierende und kaum herausfordernde Anregungen? Das würde dann bedeuten, dass Jungen mehr Motivation und Eigeninitiative als Mädchen aufbringen müssten, um nach lockenden und fordernden Themen in den Einrichtungen selbst zu suchen.

Vor diesem Hintergrund die nächste berechtigte Frage: Werden die von den Jungen selbst gefundenen Aktivitäten auch von den Fachkräften akzeptiert und anregend unterstützt? Oder zwar zugelassen, aber seltener unterstützt und bereichert? Rückmeldungen aus

Einrichtungen weisen darauf hin, dass es bei den Jungen häufiger als bei den Mädchen vorkommt, dass die von ihnen selbst gefundenen Aktivitäten als ungeeignet eingestuft und deshalb recht schnell wieder unterbunden werden.

Brandes (2016) sieht das Problem nicht darin, dass weiblichen Fachkräften diese Anregungsideen, die eher Jungen ansprechen und zum interessierten Nachdenken bringen könnten, nicht zur Verfügung stehen, sondern befürchtet, dass es andere Gründe für die häufig festgestellten pädagogischen Anregungslücken geben wird: Möglicherweise denken die Fachkräfte überhaupt nicht an einen speziell an die Jungen adressierten Anregungsbedarf, sondern gehen zu häufig davon aus, dass sich die Jungen beim „Noch-alles-in-Ordnung-Blick?" gerade allein oder in Gruppen meist sehr gut „selbst beschäftigen können" und eher selten etwas Neues zum Durchdenken einfordern.

Genau in diesem Zusammenhang muss die Definition des Begriffes „mitwachsende Bildungsbegleitung" nochmals vertieft in den Blick und in Teamgespräche (mit-)genommen werden. Es braucht Veränderungen Richtung „Kampf gegen Langeweile" und „Mehr Anregungsqualität – vor allem auch für die Jungen"!
   Bereits ein oder zwei professionell durchgeführte Beobachtungsaufträge und ihre differenzierte Auswertung würden genügen, um dem Team verschiedene Anhaltspunkte für zu erweiternde Bildungsthemen und deren Umsetzung im Alltag – gerade für die Jungen – zu bieten.

> **Beobachtung zum Thema: Langeweile von großen Jungen in Kitas**
> „Anton! Anton, ist es dir schon wieder langweilig? Such dir schnell etwas zu tun, sonst bekommst du gleich wieder Ärger. Auch mit mir! Nimm dir doch mal ein Beispiel an den vier Mädchen, die seit dem Morgenkreis, jetzt seit zwei Stunden, ohne Krach mit den Bügelperlen spielen." Leider ein Echtbeispiel ...

Die Analyse von Nachbesprechungen über aggressive Akte besonders unter den Jungen ergibt erschreckend oft, dass es aus Langeweile zum Unmutsstreit und dann zum richtigen Krach kam: „Weil es nichts für uns zu tun gab ...", „Weil es im Atelier oder in der Werkstatt keinen Platz mehr gab ..., die Turnhalle wieder nicht offen war, wir nicht in den Hof konnten/durften, haben wir uns verfolgt und dann geprügelt!"

„Die Jungen machen ihr Ding!"

Bei Erhebungen ist allzu oft zu beobachten, dass die Jungen in der Kita einfach ihr Ding machen. Aber das bedeutet noch lange nicht automatisch, dass die Jungen uns Erwachsenen eigentlich kaum brauchen, auf jeden Fall weniger als die Mädchen. Diese Schlussfolgerung stimmt keineswegs und wäre außerdem pädagogisch nicht vertretbar. Hier muss klar werden: Es braucht Beobachtungen und einige klärende Teamsitzungen, um eindeutige Veränderungen herbeizuführen!

Für diesen Auftrag, den sich das Team selbst geben sollte, sprechen auch spannende Ergebnisse aus ausgewerteten „Beobachtungen on the spot": Wenn das Spiel der Jungen gut, also störungsfrei läuft, klinken sich die Fachkräfte eher weniger ein, sowohl mit Fragen als auch mit Impulsen zum Weiterdenken. Diese Form „pädagogischer Zurückhaltung" kann tatsächlich über Tage andauern.

Wie Auswertungen dieser bewussten Zurückhaltung jedoch zeigen, kann die fehlende Einflussnahme auch damit einhergehen, dass gerade die dominanten Jungen, die durchaus auch sozialkompetent sein können, also wegen offener Aggressionen wenig auffallen, in dieser „ungestörten" Situation mit ihren Ideen immer punkten und siegen. Und das lässt dann automatisch erweiterte Planungsgespräche und offene Diskussionen aller Beteiligten über Varianten im Spielverlauf oder eben mal ganz andere Ideen seltener werden.

Mit welchen Folgen wäre dann zu rechnen? Sicher mit zu wenig Anregung, zu wenig Bildungsbegleitung, zu wenigen Möglichkeiten zum gemeinsamen anhaltenden Nachdenken, bei dem auch stillere und schüchterne Jungen zu ihrem Recht kommen und ihre Vorstellungen und Absichten präsentieren könnten.

Bei externen Beobachtungen in Einrichtungen lautet die Begründung der Frage, warum in der Freispielzeit eher wenig angeregt und auch kaum individuell oder in Kleingruppen begleitet wird, häufig folgendermaßen: „Wir lassen die Kinder ihr Ding machen, solange es keinen Ärger gibt!" Dieses Vorgehen sollte hinterfragt werden, denn es kann auch bedeuten: Solange das Jungenspiel problemlos läuft, es keinen Ärger gibt, erhalten die Jungen weder eine sprachliche noch eine inhaltliche Anregung, die sie weiterdenken, experimentieren, etwas verändern oder neuartige Materialerfahrungen machen lassen könnte.

Beobachtungsergebnisse zeigen, dass viele der üblichen Bildungsangebote in Kitas einige Jungen und Mädchen zu wenig ansprechen, da sie nicht an deren aktuell dominierenden Interessen ansetzen und die Kinder so nicht daran andocken können. Leider haben die in den Einrichtungen gesammelten Beobachtungsergebnisse immer noch zu wenige pädagogische Konsequenzen für die tägliche Arbeit. Auch vielfältige Konfliktszenen und nachfolgende Spielabbrüche im Alltag fordern einige Teams nicht unbedingt dazu auf, zeitnah über den deutlich sichtbaren Veränderungsbedarf nachzudenken. Zahlreiche für aggressive Auslöser relevante Beobachtungen werden gemacht und ins Portfolio eingeordnet, kommen aber viel zu selten in Teamsitzungen oder Planungsrunden zur Sprache, um sie dann als Anstoß für Veränderungen im Alltag tatsächlich nutzen zu können. In diesen Teams wird zu wenig
▶ nach den Ursachen für ein gerade gezeigtes herausforderndes Verhalten gesucht;
▶ überlegt, wie es für manche Kinder mehr Neues oder mehr Passendes zu denken und zu tun geben könnte, damit sie wieder aktivierende Denkanreize bekommen könnten;

- nachgedacht, was verändert werden müsste, damit die Jungen und die Mädchen in alle Bildungsbereiche gelockt werden und dort zugreifen könnten;
- über Probeläufe für wichtig erscheinende Veränderungen bezüglich Raumqualität und Zeiteinteilungen nachgedacht, mit der Konsequenz, dass die Kinder weiterhin mit diesen erkannten Stolpersteinen konfrontiert werden und leben müssen.

4.3 Kita-Teams auf der Suche nach mehr Geschlechtersensibilität

In Fortbildungen und Weiterqualifizierungen von Teams wird sehr häufig nach Antworten auf folgende Frage gesucht: Sollte es Projekte ausschließlich für Jungen bzw. nur für Mädchen geben?

Es wäre durchaus denkbar und organisatorisch auch planbar, dass zumindest für eine gewisse Zeit (am Tag oder in der Woche) getrennt vorbereitete Räumlichkeiten für einige speziell interessierte Mädchen und genauso für einige für ein spezielles Thema hochengagierte Jungen zur Verfügung stehen, ohne damit die wichtige Koedukation in der Kindheit infrage zu stellen.

Koedukation von Jungen und Mädchen ist ein wahrlich gewichtiges Konzept, da es der Geschlechtergerechtigkeit und dem gegenseitigen Interesse der Kinder untereinander und aneinander dient und außerdem dazu beiträgt, auf die großen individuellen Unterschiede professionell zu achten und bei allen Planungen auch im Blick zu behalten.

Jungen und Mädchen zeigen und leben in verschiedenen Bereichen sich durchaus voneinander unterscheidende Vorlieben, Interessen und Spielintensitäten. Das ist eine der zentralen Aussagen von Christel van Dieken (2015), die zum Nachdenken auffordern sollte. Manche Kinder können ihren Erfahrungshunger besser in geschlechtsgleichen Gruppen ausleben, während andere gerade gegengeschlechtliche Spielpartner und -partnerinnen herausfordern und deren Anwesenheit reizvoll und für sich selbst anregender finden. Sie suchen sich bei ihnen bewusst andere Impulse und scheinen gerade den ungewohnten Blickwinkel auf den Fortlauf des Geschehens spannend und motivierend zum Weiterdenken an ihren Ideen zu finden.

Die beste Lösung – in Kitas professionell gut umsetzbar – scheint eine flexible Mischung aus geschlechtshomogenen und geschlechtsheterogenen Angeboten und Lerngruppen in professionell bestückten Themenräumen, Werkstätten und gemäß aktueller Beobachtungen nachgerüsteten Zonen des Außengeländes zu sein (Haug-Schnabel & Bensel 2017b). Durch eine klar strukturierte pädagogische Vielfalt – nein, das ist kein Widerspruch! – können unterschiedliche geschlechtsspezifische Neigungen am besten erkannt, begleitet und beantwortet werden, ohne die Kinder zu überfordern.

4.3 Kita-Teams auf der Suche nach mehr Geschlechtersensibilität

Das klappt selten von heute auf morgen und auch nicht von allein! Dazu braucht es viel Beobachtungserfahrung im Team und eine möglichst praxisnahe Aus- und Weiterbildung der Fachkräfte: Es geht um mehr Aufmerksamkeit und mehr Wissen bezüglich geschlechtsspezifischer Interessen und Bedürfnisse. Das bedeutet mehr Beobachtung der Aktivitäten und „Suchbewegungen" der Kinder auf ihren Bildungswegen sowie eine geschlechtssensible Auswertung und passende Beantwortung im pädagogischen Alltag.

Derartige Qualitätsschritte gelingen auch nicht ohne eine intensive Auseinandersetzung mit dem eigenen subjektiven Geschlechterbild und den dazugehörigen Vorstellungen. Es handelt sich um ein breites Geschlechterspektrum, das alle Erwachsenen mit sich tragen und dem sie sich in einer professionellen Arbeit stellen müssen.

> Hier eine Übungsfrage, um sich in diese anstehende Diskussion hineindenken zu können: Sind Jungen tatsächlich sozial auffälliger und im Tagesablauf herausfordernder als Mädchen?
>
> Manche Jungen werden auffällig, wenn sie sich langweilen, wenn sie feststellen, dass sie die Einrichtung bereits „abgespielt" haben, was in zu vielen Kitas zu beobachten ist und auch von den Teams als „Nachteil" benannt wird. So lautet ein Kommentar dazu: „Es wird höchste Zeit, dass die großen Jungen in die Schule kommen! Für sie gibt es hier nichts mehr Neues zu tun. Das hängt auch damit zusammen, dass sie schon in der Krippe hier bei uns waren!" Diese Erkenntnis führt aber keineswegs immer dazu, möglichst zeitnah genau an diesem Punkt anzusetzen und über Veränderungen nachzudenken oder sich Unterstützung in Form einer Teamfortbildung (In-House-Schulung) zu holen. Eigentlich ein pädagogisches Armutszeugnis, denn die Entwicklungsbegleitung und Erweiterung der Erfahrungs- und Partizipationsmöglichkeiten ist der Bildungsauftrag jeder Einrichtung und jedes Trägers.
>
> Zum Überlegen: Mädchen sind vielleicht genauso oft gelangweilt, fordern aber die Fachkräfte weniger heraus, weil sie ihren Unmut auf stillere Art und Weise – nicht unbedingt weniger aggressiv – ausleben.

Bei Regulationshilfen für Mädchen und Jungen sollten deren Individualität, ihr Entwicklungsalter, ihre Interessen und die jeweilige Geschlechtsausprägung im Blick aller Teamkolleginnen und -kollegen sein. Hier ein Echtbeispiel, das teaminterne Diskussionen zu diesem sensiblen Diversitätsthema anregen sollte:

> Zunehmend berichten Kita-Teams, die intern häufig beobachten, dass nicht jede Anspannung durch Ruhigstellen der betroffenen Kontrahenten regulierbar ist. Das entspricht auch unseren Ergebnissen aus Beobachtungen bei laufendem Betrieb, die zeigen, dass recht viele Kinder eher mit einer Regulationshilfe klarkommen, die in Richtung einer schnell spürbaren Erweiterung ihrer Erfahrungsmöglichkeiten und somit ihrer aktuellen Lebenswelt Kita einhergehen.
>
> Nach einer konfliktturbulenten Zeit in einer Einrichtung in einem verdichteten Wohnbereich einer deutschen Großstadt beschloss das Team unter Begleitung der Fachberatung, den Kindern durch eine „gemeinsame Eroberung der Kita-Umgebung" neue spannende Impulse für konfliktfreie Aktivitäts- und Lernmöglichkeiten zu geben. „Wir brauchen eine Karte, wir wollen die Umgebung, wir wollen die Nachbarschaft der Kita erkunden. Was geschieht um uns herum, wenn wir in der Kita sind? Das ist doch superspannend!"
>
> Am meisten beeindruckte die Fachkräfte, dass es in dieser denk- und planintensiven Zeit zu erstaunlich wenigen Konflikten kam und völlig neue Kinder-Spielkonstellationen entstanden.
>
> Diese über drei Wochen gehenden Exkursionen wurden von den Fachkräften in Texten und Bildern dokumentiert, die in Form „Sprechender Wände" auch für alle Eltern zeitnah im Flurbereich aufgehängt wurden. Besonders beeindruckend war die hohe Motivation der Kinder, sich mal im Atelier, mal im Bewegungsbereich, in der Schrift- und Zahlenwelt und vor allem in der Bibliothek mehr Wissen über die bei den Exkursionen gesammelten neuen Eindrücke zu beschaffen.
>
> Für Regulationshilfe braucht es einen professionellen, individuell-sensiblen Blick für aktive Bewältigungsstrategien. Hier einige Beispiele für eine gelungene Überleitung nach einer Konfliktsituation, die keine als Strafe empfundene Auszeit, sondern die Chance einer nicht stigmatisierenden „Zeit nur für mich!" ist:
> - „Willst du eine Weile an deinem riesigen Erdloch im Garten weitergraben? Meinst du, es geht dir dann besser?"
> - „Willst du vielleicht über eine kleine Freude für Jasmin nachdenken? Damit ihr wieder zusammen spielen könnt?"

„Nach getaner Arbeit noch ein bisschen in den Garten!" – ist das eine Regulationshilfe?

Eine Erzieherin erzählt: „Kurz vor der Abholzeit räumen wir im Innenbereich bereits alles auf und gehen dann mal mit einigen Sandsachen oder mit Fahrzeugen, mal mit Ball und Hüpfseil raus ins Außengelände." Dieses Vorgehen trifft nicht den „pädagogischen Kern", denn auch Garten und Außengelände sind Lernbereiche und wichtige Ergänzungsfelder zu den Räumen in der Einrichtung, ein spezieller „Spielraum" für motorische Aktivitäten, für individuell gewählte Tätigkeiten, für vielfältige Gruppenerfahrungen und besonders für Selbstregulationsmöglichkeiten durch freien Zugang zu Bewegungseinheiten.

4.3 Kita-Teams auf der Suche nach mehr Geschlechtersensibilität

Das setzt allerdings voraus, dass es in diesem Lernbereich für jedes Mädchen und jeden Jungen etwas Aktives mit ausreichend Zeit zu tun gibt. Und zwar mal allein, mal in der Kleingruppe oder auch alle zusammen. Wichtig ist auch, dass es Fachkräfte gibt, die sich auf Bildungsaktivitäten im Außengelände spezialisiert haben, vielleicht sogar schon Erfahrungen in Wald- und Freilandkindergärten gesammelt haben.

Das Außengelände ist ein eigenständiger Spiel- und Lernbereich, den ein Kind eigeninitiativ aufsuchen können sollte, je nach tagesaktuellem Bedarf! In anspruchsvollen Konzeptionen sind inzwischen Sätze zur selbstgewählten Nutzung des Außengeländes zu lesen, was selbstverständlich voraussetzt, dass auch eine Fachkraft im Garten vor Ort ist:

▶ „Bereits nach Ankunft der ersten Kinder ist unser Außengelände geöffnet!" Die Fachkräfte unterstützen die Themen „Bildung", „Bewegung" und „Regulation".
▶ Schon morgens sollte der Bereich bereits „angespielt" wirken und pädagogisch anregend begleitet werden.
▶ Dem Bildungsraum Außengelände muss vielerorts noch Leben eingehaucht werden, damit er wirklich Bildungschancen und Regulationshilfe anbieten kann und nicht nur der Sammelplatz für bereits angezogene Kinder kurz vor der Abholzeit ist.
▶ Auf die Außengelände von Einrichtungen kommt ein weiterer Auftrag hinzu: Wenn im Innenbereich der Einrichtung Ausgestaltung und Angebotsstruktur hauptsächlich weibliche Interessen widerspiegeln, Risikovermeidung im Vordergrund steht, grobmotorische Herausforderungen weitgehend fehlen oder nicht mit den Kindern mitwachsen, womöglich Wettkampfspiele nicht gern gesehen sind, dann ist tatsächlich damit zu rechnen, dass Langeweile und Frustrationsmomente mit ihren vielfältigen Folgen gerade den Jungen drohen.

Immer wieder wird in Fortbildungen von sich langweilenden und durch die Einrichtung „vagabundierenden" Jungen (meist über fünf Jahre) gesprochen, die „eigentlich nur Quatsch machen oder herumtoben und Unruhe stiften. Während oft mehrere Mädchen am Tisch sitzen, mit der Erzieherin malen und sich unterhalten." Diese Situationsbeschreibung sollte nachdenklich machen, ob das auffällige Verhalten der Jungen zum Teil auch systembedingt sein könnte, da ihre Interessen und Bedürfnisse weniger gesehen und dadurch auch weniger motivierend beantwortet werden.

> Hier eine Anregung für Teams zum vertieften Nachdenken und beobachtungsbasierten Neuplanen von Alltagssituationen: Zählen Sie eine Woche lang aus, wie häufig eine Fachkraft mit mehreren Mädchen an einem Tisch sitzt, malt, bastelt oder sich mit ihnen angeregt unterhält, während zwei oder mehr Jungen aus der Distanz wiederholt ermahnt oder, an tagesaktuelle einschränkende Vorgaben erinnernd, „reguliert" werden.
> Ein weiterer anregender Vorschlag zum gemeinsam Nachdenken im Team: Was mei-

> nen Sie? Wie häufig steigt eine Fachkraft in das freigewählte Spiel von Jungen ein, lässt es sich erklären und benennt deren innovative Ideen? Vielleicht wertschätzt sie sogar den guten Verlauf des Geschehens durch ihre aufmerksame und/oder engagierte Teilnahme?

Im Durchschnitt sind Jungen motorisch aktiver als Mädchen, das zeigen viele Auswertungen. Das mag sein, auch wenn diese Aussage natürlich nicht für einige besonders bewegungsfreudige Mädchen gilt, die ebenfalls eine engagierte Begleitung und vielfältige Anregungen brauchen, um nicht aggressiv zickig aufzufallen. Münden diese Überlegungen für manche Jungen und für manche Mädchen im Alltag geschlechtsunabhängig in pädagogisch erweiterte Erlebniskonsequenzen und variierende Anregungen – also motorische Herausforderungen für alle daran interessierten Kinder –, kann dies als eine höchst professionelle Antwort auf die vom Team gemachten Beobachtungen zur Vielfalt unter den Kindern gewertet werden.

Nach unseren Beobachtungen bei laufendem Betrieb gehen viele Fachkräfte und manchmal ganze Teams von vornherein von geschlechtsspezifisch unterschiedlichen Neigungen hinsichtlich verschiedener Aktivitäten aus. Vergleichbare Vorstellungen existieren auch im Hinblick auf das Spiel- und Materialangebot. Selbst die für Angebote zur Verfügung gestellte Zeit wird immer noch eher am Geschlecht der Spielgruppe festgemacht, obwohl zum Beispiel intensive Bauzeiten im Konstruktionsbereich deutlich von den jeweils beteiligten Kindern abhängen, zu denen baubegeisterte Mädchen genauso wie baubegeisterte Jungen gehören können, die von „mehr Zeit" nur profitieren könnten.

Die Ergebnisse zeigen, wie wichtig auch systematische interkollegiale Beobachtungen im Tagesablauf sind, um aggressionsfördernde Nichtpassungen zu erkennen und zu vermeiden. Für diese Beobachtungsergebnisse muss man sich interessieren, um sie berücksichtigen und bewusst professionell ändern und individuell sowie tagesaktuell anpassen zu können.

4.4 Gelangweilte Jungen!?

Kinder müssen Wettkampfsituationen kennenlernen (siehe Seite 56ff.). Die Überrepräsentanz weiblicher Fachkräfte hat jedoch auch Auswirkungen auf die Ausgestaltung und Angebotsstruktur von Kitas. Wenn – wie fast überall – Risikovermeidung dominiert, fehlt es meist an grobmotorischen Herausforderungen und somit an den für diese Altersgruppe so wichtigen Wettkampfspielen. Dies gilt für bewegungsfreudige Mädchen ebenso wie für sport- und wettkampfbegeisterte Jungen, was zu selten bedacht und entsprechend beantwortet wird.

Für einige Jungen kann es in einer Kita mit großer Altersmischung (Kinder von ein bis sechs Jahren) spätestens gegen Ende der Kindergartenzeit langweilig werden, tatsächlich langweiliger als für viele Mädchen. Warum? Weil die Mädchen, sobald sie merken, dass es heute für sie „keinen Blumentopf zu gewinnen gibt", also nichts Neues zu holen gibt, einfach ihr „Mädchen-Ding" machen.

Bei den Jungen sieht die Reaktion mitunter etwas anders aus: Gelangweilte große Jungen „vagabundieren" auf der Suche nach neuem „Erfahrungsstoff" durch die Einrichtung, weil ihnen interessante Tätigkeiten, beeindruckende neue Erfahrungen und sie motivierende, bislang nicht gehabte Erlebnisse fehlen.

Genau in dieser nicht gesehenen oder nicht bedachten Mangel-Situation, die eigentlich durch ein pädagogisches Leck entsteht, fällt den Fachkräften das unruhig suchende Verhalten der großen Jungen besonders negativ auf. Doch die häufigste „pädagogische Konsequenz" ist weiterhin: Die Jungen werden (mal wieder) vor der ganzen Gruppe ermahnt und dann „zur Strafe" beschäftigt, fast immer mit einer Aufgabenstellung am Tisch.

Was bedeutet eigentlich „beschäftigt werden"?
▶ Zu einer Aktivität aufgefordert (verdonnert!) werden, die bezüglich Material und Ablauf diskussionslos und oft minimalistisch vorgegeben ist.
▶ Seine Zeit von außen bestimmt verbringen zu müssen, meist ohne motivierende Beteiligung einer Fachkraft und zu oft, ohne den Wert der Aktion selbst verspüren zu können.

> Eine Erzieherin klagt: „Die Jungen, wenn man sie ließe, wären den ganzen Tag nur im Hof und würden nichts lernen!"
> Das liegt aber nicht an den Jungen, sondern an den ihnen zugedachten Lernmöglichkeiten! Diese Lernmöglichkeiten „im Hof", übrigens auch im Wald oder auf dem Feld, hängen allein von der Gestaltung des Außengeländes und von der Begleitung und Beantwortung dieser bewegungsfreudigen, aktiven Kinder durch die Fachkräfte in den verschiedenen Settings „außer Haus" ab.
> Noch ein Zitat, bei dem sich das Nachdenken lohnt: „Wenn wir unsere großen Jungen machen lassen würden, wären sie den ganzen Tag im Baubereich, in der Turnhalle oder eben draußen im Garten – und das noch im Jahr vor der Schule!" Und auch das wäre kein Problem, wenn die genannten Bereiche (offensichtlich von den Fachkräften als Bildungsorte zweiter Wahl eingestuft) beobachtungsbasiert und mit den Kindern zusammen gestaltet mitwachsen würden und auch die Mädchen zu erweiterten Aktivitäten locken könnten.

Tim Rohrmann bringt derartige Beobachtungen und deren Konsequenzen in seinen Vorträgen auf den Punkt: „Es handelt sich um kulturelle Unterrichtsstunden mit der Gefahr von unreflektierten Geschlechtsstereotypen und häufig anzutreffender Geschlechtsideologie." Um Kinder in ihrer Vielfalt zu fördern, ist es wichtig, Verallgemeinerungen, wie „die Mädchen" bzw. „die Jungen" oder auch „typisch weiblich" bzw. „typisch männlich", die meist unreflektiert verwendet werden, zu hinterfragen bzw. zu vermeiden (Focks 2007). Dazu gehören auch Formulierungen wie: „Für ein Mädchen spielt sie sehr gut Fußball!" (Focks 2016, S. 49).

Focks (2016) spricht von gemeinsamen Aufträgen der Fachkräfte, alle Kinder in ihrer Vielfalt zu sehen und individuell zu beantworten. Das könnte sich zum Beispiel so anhören: Statt „Ich brauche drei starke Jungen, die mir helfen, den schweren Tisch zu tragen" zu sagen, könnte genderbewusst formuliert werden: „Wer kann mir helfen, den schweren Tisch zu tragen?" Statt „Wer von den Mädchen hilft den Kleinen beim Anziehen?" zu fragen, könnte genderbewusst formuliert werden: „Wer von den großen Kindern möchte den Kleinen beim Anziehen helfen?"

> Trotz der vielen Aufmerksamkeit, die Jungen erhalten, und trotz der großen individuellen Unterschiede zwischen ihnen selbst, kommen in Kindertageseinrichtungen Erfahrungsfelder für einige der Jungen immer noch zu kurz – wenn sie überhaupt gesehen, der Rede wert befunden und wirklich kindbezogen beantwortet werden. Das kann zur Folge haben, dass es Tage gibt, an denen diese Jungen nichts als Toben oder Quatsch machen im Angebot haben.
>
> Alle Kinder, Mädchen und Jungen, suchen Herausforderungen und scheinen ihre passende Dosis von Nervenkitzel zu lieben, weil sie täglich an ihre eigenen Grenzen kommen wollen. Das ist wichtig, um eigene Fortschritte selbst wahrnehmen, spüren zu können.
>
> Kita aus der Sicht des Kindes bedeutet auch, ich darf mich tagesaktuell entscheiden, wo ich einsteigen, mitmachen oder beteiligt sein möchte. Es hat für jedes Kind eine große Bedeutung, Einfluss auf seine Befindlichkeiten nehmen zu können.
>
> Was bedeutet es für einen Jungen, für ein Mädchen, wirklich eine Wahl und damit eigene Entscheidungsmöglichkeit zu haben? **Es bedeutet: Konflikte werden seltener!**
>
> Diese Konsequenz zeigt sich bereits an der Logistik einer Einrichtung und natürlich bei einem Gang durch die Räume: Welche Räume sind offen und werden von einer Fachkraft belebt und begleitet? Auch an der räumlichen Gestaltung und materiellen Ausstattung und besonders an den pädagogischen Angeboten und individuellen Begleitformen der Aktivitäten der Kinder durch die Fachkräfte wird diese Konsequenz deutlich. Und sie zeigt sich natürlich an den Reaktionen der Fachkräfte auf vermeintlich herausfordernde Verhaltensweisen der Kinder, vor allem einzelner bestimmter Kinder.

Eine individuelle Art, sein Geschlecht zu leben

In Kitas muss es eine genderbewusste Entwicklungs- und Bildungsbegleitung geben, die es jedem Kind ermöglicht, auf seine individuelle Art, seine Variante seines Geschlechts zu leben. Was heißt das genau? Es bedeutet, dass jedes Kind das Recht und die Möglichkeit haben muss, seine Variante des Geschlechts ausleben zu dürfen.

Für die Fachkräfte geht es darum, einen reflexiv differenzierten Umgang mit der Thematik Geschlecht zu pflegen. Dazu gehören täglich reflektierte Bemühungen, Geschlechtergerechtigkeit herzustellen, zum Beispiel jederzeit Partizipation von allen Kindern an allem zu ermöglichen – und zwar auf die jeweils individuelle Art der Kinder. Diesen Ansatz umzusetzen ist eine echte Profiaufgabe!

Eine individuelle genderbewusste Entwicklungsbegleitung will Einschränkungen der Entfaltungsmöglichkeiten für Kinder auf das, was jeweils als „weiblich" oder als „männlich" gilt, verhindern. Dies geschieht aus mindestens zwei Gründen – nämlich, um
1. individuelle Bildung – möglichst grenzenlos – in der frühen Kindheit zu ermöglichen und
2. Aggressionen aus Frustration zu verhindern.

Eine individuell genderbewusste Entwicklungsbegleitung bewegt sich immer im Spannungsfeld zwischen der Wahrnehmung geschlechtstypischer Unterschiede einerseits, die stets Verallgemeinerungen beinhaltet, und der Wahrnehmung individueller Einzigartigkeit andererseits. In offen arbeitenden Einrichtungen mit Werkstattbereichen haben alle Kinder den Vorteil, sowohl geschlechtstypische (keineswegs verboten!) als auch geschlechtsuntypische Tätigkeiten erproben zu können und dabei eine auf die individuelle Herangehensweise abgestimmte Begleitung erleben zu dürfen.

5.
Konflikte zwischen Kindern: „Ich habe keinen Streit gewollt, ich wollte nur meinen Ball wieder!"

Was wir bei der nachträglichen Analyse eines Konfliktes oft vergessen: Kinder stressen Konflikte ebenfalls, nicht nur die Fachkräfte empfinden die Auseinandersetzungen als belastend. Recht häufig scheint es im Alltag aus der Sicht des Kindes nicht anders zu klappen, zu seinem Recht zu kommen.

Wie alt und wie „sozial erfahren" muss ein Kind sein, um bereits vorausschauend oder spätestens während des Geschehens zu merken, dass auch eine Verhaltensänderung seinerseits nötig wäre, um einem Konflikt entgehen zu können?

„Ich habe keinen Streit gewollt, ich wollte nur meinen Ball wieder!" Dieses Zitat zeigt bereits, dass wir getrost in der Mehrzahl aller Konfliktfälle zwischen Kindern davon ausgehen können, dass sie durchaus keinen Streit vom Zaun brechen wollten. Sie wollten vielleicht an der Spielsituation, die ihnen zu entgleisen droht, schnell etwas verändern, damit alles wieder besser für sie läuft und sie gemeinsam oder auch allein weiterspielen können. Kein Kind will benachteiligt oder „vergessen", auch nicht ungerecht beschuldigt werden. Einen Konflikt an und für sich will kein Kind, es will aber auch nicht in seinem Tun gestört oder unterbrochen werden. Und – vor allem – will es zu seinem Recht kommen, den anderen Kindern, aber auch den Fachkräften gegenüber.

Was jedes Kind ganz sicher will, ist gehört und gesehen zu werden, vor allem mit seinen Wünschen und Vorhaben ernst genommen und keinesfalls ignoriert zu werden: „Ich hab nur den Lastwagen wieder zurückhaben wollen, den ich Franz kurz geliehen habe, weil ich ihn wieder brauch´! Weil ich ihn haben will und weiter Steine transportieren will!"

Konflikte bedeuten für Kinder in jedem Alter Stress, mal mehr, mal weniger. Aber Kinder unter drei Jahren sind in Streitsituationen oft massiv überfordert, da sie allein mit ihrer situativen Erregung klarkommen müssen, über das von ihnen erhoffte Ergebnis noch gar nicht nachdenken können.

> Im Konstruktionsbereich baut Nils (36 Monate) mit hoher Konzentration. Geduldig sucht er nach passenden Bausteinen und setzt diese möglichst genau aufeinander. Zwei Stockwerke stehen schon. Im Moment ist Nils dabei, ganz vorsichtig die Außenmauern des Bauwerks zu stabilisieren.
> Dass Ophelia (14 Monate) ganz in seiner Nähe mit einem Baustein wiederholt geräuschvoll auf den Fußboden klopft, beachtet Nils bislang nicht. Nur einen einzigen Stein zum Klopfen zu haben scheint dem Mädchen jedoch schon bald nicht mehr genug. Sie nähert sich dem Bauwerk von Nils, streckt ihre Hand aus und zieht nicht allzu geschickt einen der Bausteine aus dem Hausfundament. Das Bauwerk fällt in sich zusammen. „Eyeeeee!!!" Nils´ Stimme überschlägt sich vor Wut, erschrocken beginnt Ophelia zu weinen.

Kleinstkinder geraten häufiger auf Konfrontationskurs als ihnen selbst lieb ist. Bis sie gelernt haben, sozialkompetent mit Gleichaltrigen und älteren Kindern umzugehen, sind viele Entwicklungsschritte nötig und viel professionelle Unterstützung ist erforderlich. Je einfühlsamer die Kinder dabei lösungsorientiert und ohne unnötige Schuldzuweisung begleitet werden, desto früher werden sie zu einer konstruktiven Konfliktbewältigung fähig.

Wann werden Konflikte eigentlich für Kinder absehbar? Ab welchem Alter erkennen sie Situationen, die sozial riskant werden könnten?

Situationen wie diese zwischen Nils und Ophelia kennen alle Fachkräfte vermutlich zur Genüge aus ihrem Kita-Alltag. Wer Kleinstkinder beim Spielen beobachtet, macht schnell die Beobachtung, dass zwischen ihnen Konflikte viel häufiger vorkommen als zwischen älteren Kindern. Das stimmt auch, zumindest, was die körperliche Aggression betrifft. Doch daraus zu schließen, dass Kleinstkinder besonders streitlustig seien, ist falsch. Meist werden sie von ihren eigenen emotionalen Impulsen und deren Folgen selbst überrascht, wenn nicht sogar erschreckt.

Eine Interpretation des Geschehens beim Turmbau könnte vielleicht so aussehen: Es war wirklich keine Absicht! Erwachsene haben jedoch oft eine andere Sicht auf die Abläufe. In unseren Augen wäre der Konflikt zwischen Ophelia und Nils vorhersehbar und damit eigentlich auch zu verhindern gewesen. Warum muss Ophelia einen Stein aus dem Bauwerk von Nils ziehen? Wenn sie doch genauso gut irgendeinen anderen Stein aus der Bausteinkiste hätte nehmen können, um damit Klopfgeräusche auf dem Boden zu machen.

Ophelia bei dieser Aktion eine „böswillige" Absicht zu unterstellen, wäre unprofessionell und ein Zeichen fehlender Berücksichtigung ihres Entwicklungs- und damit auch ihres Erkenntnisstandes. Die Absicht ist noch außerhalb ihrer gedanklichen Möglichkeiten. Ihre noch unzureichende Perspektivenübernahme – typisch für das Kleinstkindalter – muss mitbedacht und in die Interpretation der Situation einbezogen werden.

Kinder im Alter von Ophelia stehen erst am Anfang ihres Weges in Richtung soziale Intelligenz. Erst gegen Ende des zweiten Lebensjahres wird ihnen allmählich die Fähigkeit zur Verfügung stehen, zwischen eigenen Wünschen und den durchaus abweichenden Absichten und Bedürfnissen der anderen Kinder unterscheiden zu können. Und dann gilt es, die nächste Hürde zu nehmen – nämlich festzustellen, dass beide Anliegen nicht zeitgleich zusammenpassen.

Die Vorstellung, dass Nils ganz andere Pläne mit den Bausteinen im Sinn hatte als sie selbst, fehlt Ophelia noch, sie steht ihr noch nicht zur Verfügung. Sie wird noch einige Entwicklungszeit brauchen, ihre eigenen Wünsche und Absichten zu benennen, sich vor allem in die Gefühle und Ziele anderer hineinzuversetzen und diese dann auch berücksichtigen zu können. Doch bei einer professionellen Begleitung haben die Kinder in Kitas ein förderliches Lernfeld für derart herausfordernde Situationen.

Erst im Alter von ungefähr zwei Jahren beginnen Kleinstkinder allmählich zu lernen, dass sich ihre eigenen Vorstellungen von denen der anderen Kinder durchaus unterscheiden und mitunter unvereinbar im Weg stehen können. Und schon kommt die nächste Hürde: Man muss mindestens zwei Ideen, zwei Wünsche, zwei Pläne oder Absichten berücksichtigen, wenn man mit jemandem zusammen spielen möchte!

5.1 Konflikte zwischen Kindern sind Übungsfeld und entwicklungspsychologische Herausforderung

Wie an Ophelias verzweifelter Reaktion festzustellen ist, findet sie die Situation, in die sie sich selbst gebracht hat, keineswegs lustig; sie hat sie auch nicht provozieren wollen. Im Gegenteil: Konflikte untereinander können die meisten Kinder in diesem Alter zumindest kurzfristig stark stressen und somit schnell aus der Ruhe bringen. Konflikte überfordern Kleinkinder, was natürlich genauso für größere Kinder wie auch mitunter für Erwachsene gelten kann.

Für pädagogische Fachkräfte stellen Konflikte mit und zwischen Kindern eine Herausforderung dar. Streit ist normal, belastet aber den Alltag und ist dennoch zugleich bildungsrelevant. Konflikte verlangen von Fachkräften in Kitas ein hohes Maß an professioneller Responsivität (vgl. Gutknecht 2012). In derart belastenden Situationen zeigt sich, wie tragfähig die Beziehung eines Kindes zu seiner Bezugserzieherin bereits ist. Davon abhängig ist auch, ob die Mitregulation der Fachkräfte die psychische Stabilität in der Gruppe wieder herstellen kann.

Konfliktanlässe, aber auch die Konfliktbewältigung unterliegen kognitiv-sozialen Entwicklungsprozessen. So kommen zwischen nebeneinander oder miteinander spielenden Kleinstkindern Konflikte häufiger vor, als dies bei älteren Kindern der Fall ist. Die Kleinen müssen sozialkompetentes Verhalten gerade in Anforderungssituationen unter Gleichaltrigen erst lernen und hierbei gut begleitet und beantwortet werden.

Die alterstypische Konflikthäufung, die meist bis zu Beginn des vierten Lebensjahr zu beobachten ist und dann langsam abnimmt, hat ihre Ursache in den noch eingeschränkten Möglichkeiten der Kinder unter drei, ihre Wahrnehmungen und Informationen von außen passend zu verarbeiten und den noch nicht nachvollziehbaren oder emotional überfordernden Sachverhalt lösungsorientiert zur Sprache zu bringen. Ab dem Moment, in dem ein Kind sein Problem sprachlich „benennen" kann, wird alles einfacher – vorausgesetzt, Eltern und Fachkräfte reagieren professionell ressourcenorientiert. Nicht, was noch nicht klappt, wird benannt, sondern gut bewältigte Situationen sind der Rede wert!

Diese Entwicklungsschritte brauchen eine kundige Begleitung und viel Geduld, aber auch genügend Echtmodelle. Herausfordernde Alltagssituationen sollten anfangs aus der Ferne miterlebt und beobachtet werden können. „Geschützt" zu erfahren, dass es Lösungen gibt und meist die Möglichkeit, nach der Klärung wieder gemeinsam weiterspielen zu können, ist wichtig.

Sobald Kinder ausreichend entsprechende Erfahrungen im sozialen Miteinander machen konnten und dabei gute Lösungsmodelle kennengelernt haben, steigt die Sozialkompetenz der Mädchen und Jungen. Das anfangs entwicklungsbedingte sozialemotionale Handicap geht Schritt für Schritt zurück, während sich das Repertoire an unterschiedlichen Interaktionsmöglichkeiten mit anderen Kindern und die gedanklichen Vorstellungen davon enorm erweitern. Diese wichtigen Entwicklungsschritte haben die älteren Kindergartenkinder gemacht. Die Voraussetzung dafür war die Entwicklung der Selbsterkenntnis.

> **Die Entwicklung absichtsvollen Handelns**
>
> Ein Säugling kann wahrgenommene Effekte und den Akteur, der diese verursacht hat, noch nicht getrennt voneinander sehen: Beides ist im kindlichen Selbstempfinden anfangs miteinander verschmolzen. Somit interessiert sich ein Baby auch noch nicht für den ursächlichen Ablauf einer Handlung, da es noch nicht einschätzen bzw. erkennen kann, wie es selbst daran beteiligt gewesen sein könnte.
>
> Erst wenn sich sein Ich-Bewusstsein herausgebildet hat, was meist im Alter zwischen 18 und 24 Monaten geschieht, kommt ein wichtiger, aber auch folgenschwerer Entwicklungsprozess in Gang: Jetzt kann das Kind über sich selbst als Akteur einer Handlung nachdenken.
>
> Das bedeutet, dass es sich, bevor es mit einer Handlung startet, das Handlungsziel bereits gedanklich vorstellen kann, also vorab vor Augen hat. Ab jetzt verfolgt ein Kind mit seinem Tun eine Absicht. Auch weiß es jetzt, dass es selbst diejenige Person ist, die diese Handlung ausführen will, soll oder darf – und niemand anderes sonst. Das Kind unterscheidet nun klar zwischen sich und anderen Menschen. Diesen folgenreichen Entwicklungsschritt bezeichnet man als Selbstobjektivierung.

5.2 Ich bin ich – und dich kann ich jetzt gerade nicht brauchen

Mit Auftreten des Ich-Bewusstseins wird das „Ich" zum Ausgangspunkt der Handlungen und Wünsche des Kindes. Die Entdeckung des Wollens führt anfangs dazu, dass ein Kind das „Wollen" als Selbstzweck einsetzt: Es äußert jetzt oft „Ich will!", ohne genau zu wissen, was es eigentlich will. Und ob ihm das, was es tun will, schließlich gefallen wird, weiß es auch noch nicht.

Zu Anfang der Erfahrung des „Urheber-Ichs" ist das Wollen absolut vorrangig. Der Aspekt, das, was man machen will, nun auch bereits zu können – also die Kompetenz im eigentlichen Sinne des „Ich kann das!" – kommt erst später hinzu (Bischof-Köhler 2011). Daraus wird verständlich, dass das Motto der nächsten Monate kurz zusammengefasst lauten könnte: Ich will das jetzt machen – und zwar sofort und möglichst ganz allein! Egal, wie die Sache ausgeht. Bitte keine Hilfe, zumindest nicht, bis ich ohne Hoffnung gescheitert bin.

Diesen aggressiv vorgetragenen Weiterentwicklungsantrieb in vielen Situationen zu spüren verlangt viel Geduld und ist für die Bindungs- und Bezugspersonen nicht immer leicht zu ertragen, auch nicht immer zu befürworten, was der Auslöser für die nächste verzweifelte Aggressionswelle sein kann.

Widerstandskämpfer in eigener Sache

In dieser Phase der Autonomieentwicklung zeigt ein Kind oft Verhaltensweisen, die unschwer als Zeichen eines massiven Widerstandes gegenüber Anforderungen und Anweisungen „von außen" zu erkennen sind. Bis heute findet man dafür in der Umgangssprache den Ausdruck „trotzen" und nennt diese spezielle Zeit das „Trotzalter" (siehe auch Seite 30f.).

Altersgemäße Triebfeder für diese alle Beteiligten – auch das Kind selbst – stressenden Entwicklungsschritte ist das in engem Zusammenhang zu den gemachten Bindungserfahrungen stehende Explorationsverhalten des Kindes. Seine ihm angeborene, zur Zeit noch deutlich zunehmende Neugier auf Unbekanntes wie auch seine Freude an selbstverspürter wachsender Wirksamkeit lassen das Kind jetzt über sich hinauswachsen. Es handelt sich um ein an diesen Entwicklungsabschnitt gebundenes, angeborenes Aktivitätsprogramm, das es dem Kind erlaubt, immer mehr auf seine Umwelt zuzugehen und sich zunehmend selbstwirksam zu erleben. Das kann sowohl im Alleingang passieren als auch in gemeinsamen Aktionen mit andern Kindern – nicht immer zu deren Freude.

„Ich will das jetzt – und zwar sofort!" Die Autonomieentwicklung des Kindes stellt alle an der Erziehung beteiligten Personen auf die Probe: Diesen Entwicklungsschritt einfühlsam zu begleiten erfordert von den Erwachsenen ein Umdenken. Das Kind muss jetzt bei Widerstand von außen kompromisslose Aggressionen signalisieren, die bis zu seinem „Zusammenbruch" wegen eigener Überforderung führen können. Seine Aussagen sind eindeutig:
▶ Ich habe einen eigenen Willen!
▶ Ich bin ich!
▶ Und ganz wichtig: Ich bin nicht du!

Am Ende des zweiten und während des dritten Lebensjahres gerät ein Kind in seinem Alltag so oft in Konflikte, weil es sein eigenes Wollen als „überlebenswichtig" empfindet. Es nimmt sich jetzt zum ersten Mal als Akteur seiner Handlungen, Erfinder seiner Ideen und als einziger Besitzer aller Dinge, die es gerade interessieren, wahr.

Außerdem wird ein Kind sich jetzt seiner Wünsche, Absichten und Ziele bewusst und kann diese vielleicht sogar – je nach sprachlichen Fähigkeiten – bereits benennen. Kann das Kind seine Absichten um- und durchsetzen, spürt es eine enorm befriedigende Wirkung (Rauh 2008). Bei diesen Versuchen, sich als autonom zu erleben, stößt das Kleinstkind jedoch immer wieder an seine Grenzen, und zwar an von außen gesetzte ebenso wie an die eigenen. Seine fein- und grobmotorischen wie auch seine sprachlichen Möglichkeiten sind eben noch begrenzt. Solche „Grenzerfahrungen" führen dann meist zu Zornausbrüchen, die mit Verzweiflung einhergehen (Haug-Schnabel 2009). „Das haut mich völlig aus der Bahn!", könnte die Übersetzung heißen.

Anfangs geht das Kind bei der Durchsetzung seiner Vorstellung nach starrem Muster vor. Es ist noch nicht in der Lage, sich den momentanen Gegebenheiten locker anzupassen oder auf die Wünsche anderer einzugehen. Für ein zweijähriges Kind bricht eine Welt zusammen, wenn es bei seiner geplanten Handlung gestört, behindert oder gar gestoppt wird; Rauh (2008) spricht wörtlich von einem „Systemzusammenbruch". Das Kind hat sich nämlich in diesem Moment bereits kognitiv, emotional und motivational so engagiert, ja schon so verausgabt, dass es für einen Abbruch seines Vorhabens zu spät ist.

Die Verzweiflung des Kindes rührt vor allem daher, dass es jetzt befürchtet, das Angedachte nie mehr ausprobieren oder ausführen zu können. Ein Aufschieben, ein Ortswechsel, eine kleine Abwandlung seines Plans ist gedanklich noch nicht möglich, noch „unvorstellbar", da seine Vorstellungskapazität für einen alternativen Handlungsverlauf noch nicht ausreicht. Es handelt sich hier um alterstypische Regulationsprobleme, die sowohl mit der Schwierigkeit, die Aufmerksamkeit auf ein anderes Ziel umzulenken, als auch mit einer noch unreifen Emotionskontrolle zu tun haben können: „Meine Vorstellungen und deine Vorstellungen sind noch zwei völlig getrennte Welten."

Der Konflikt zwischen Ophelia, der Bausteinentwenderin, und Nils aus unserem Beispiel (siehe Seite 78) wäre tatsächlich zu vermeiden gewesen, wenn Ophelia die Folgen ihres Handelns schon hätte einschätzen können. Denn dann wäre ihr klar gewesen, dass ein entwendeter Baustein das Gebäude aufgrund der Statik zum Einsturz bringen könnte. Eine Sache, die dem konzentriert daran bauenden Nils mit Sicherheit nicht gefallen hätte … Aber mit ihren 14 Monaten ist Ophelia noch zu jung, um Annahmen über die Gefühle anderer Menschen anstellen oder gar physikalische Zusammenhänge durchschauen zu können.

Erst im dritten Lebensjahr, wenn ein Kleinstkind bereits über eine beginnende Empathiefähigkeit verfügt, wird es ihm möglich, die emotionale Verfassung, die Absicht oder den Wunsch einer anderen Person mitempfindend zu verstehen und von seinen eigenen Empfindungen oder Intentionen klar zu trennen. Die Fähigkeit, uns in die Perspektive eines anderen Menschen hineinzuversetzen sowie diesem überhaupt seine eigenen, von unseren mentalen

Zuständen abweichenden Wünsche, Absichten und Überzeugungen zuschreiben zu können, wird als Theory of Mind (Sodian 2011) bezeichnet.

> Der Begriff **Theory of Mind** bezeichnet in der Psychologie die Fähigkeit, gedanklich Annahmen über die Bewusstseinsvorgänge (Gefühle, Bedürfnisse, Ideen, Absichten, Erwartungen, Meinungen) eines Gegenübers vornehmen zu können und diese den eigenen Vorstellungen gegenüberzustellen, um sie in weitere Überlegungen und Planungen mit einzubeziehen: Warum schaut Mama suchend in ihre Handtasche? Sie sucht den Schlüssel, weil wir gleich zuhause sind und hinauf in die Wohnung gehen. Also schnell protestieren: Ich will erst noch zum Spielplatz und eine Runde schaukeln!

Auch diese Fähigkeit entwickelt sich erst Schritt für Schritt. Ihr anfängliches Fehlen ist der Grund für viele Missverständnisse zwischen Kleinstkindern, die häufig in allein noch nicht lösbaren Konflikten enden.

Gute Konfliktbegleitung bedeutet bereits Konfliktprävention

Die Frage, ab welchem Alter sich Kinder vergegenwärtigen können, dass auch andere Personen sich etwas wünschen, beabsichtigen oder vermuten, sich aber deren Wünsche von den eigenen Plänen zum Teil erheblich unterscheiden können, ist für alle, die professionell mit der Betreuung von Kleinstkindern zu tun haben, von großer Bedeutung (vgl. Marinovic & Pauen 2012).

Kleinstkinder, die ältere Geschwister haben oder in einer Kita-Gruppe sind, in der auch Vier-, Fünf- und Sechsjährige in nächster Nähe agieren und Konflikte verbal aushandeln, scheinen schneller auf jeweils unterschiedliche Gefühle und Beweggründe ihrer Mitmenschen aufmerksam zu werden. Mit Sicherheit haben gute Modelle und eine professionelle Begleitung ihren Anteil an diesem kognitiven Leistungszuwachs.

Immer wieder ist es faszinierend zu beobachten, wie ungeheuer interessiert gerade Kleinstkinder an „ernsten" Gesprächen sind, die ältere Kinder untereinander oder mit Erwachsenen führen. Vielleicht merken sie schon, dass verschiedene Meinungen aufeinandertreffen und etwas ausgehandelt werden muss. Sicher spüren sie, dass Auseinandersetzungen höchst emotional geführt werden können und verfolgen deshalb die Kommunikation mit hoher Aufmerksamkeit. Wie viel ein Kleinstkind dabei bereits für sich selbst „mitnehmen" kann, ist schwer zu sagen.

In Krippengruppen für unter Dreijährige sind die Kinder darauf angewiesen, dass die Fachkräfte die fehlenden Modelle älterer Kinder ersetzen, verschiedene Sichtweisen thematisieren und ihnen zusätzliche Übersetzungshilfe geben. In der Altersmischung dagegen bekommen schon Kleinkinder häufig mit, wie den großen Kindern Zusammenhänge erklärt werden, zum Beispiel, wie sich ihr „Kontrahent" gerade fühlt, was ihm wohl durch den Kopf geht:
- Wie fühlt sich das andere Kind gerade?
- Was geht in ihm vor, was versteht es nicht?
- Was glaubt es, was möchte es, was vermutet es, was befürchtet es, was denkt es im Moment?
- Kann das andere Kind von unseren geänderten Plänen überhaupt etwas wissen? Wenn nicht, geht es ja von ganz falschen Voraussetzungen aus!

Es ist wichtig, diese unterschiedlichen Haltungen, Emotionen, Gedanken, Überzeugungen, Motivlagen und Absichten schon früh im Gespräch mit den Kindern zu verbalisieren und gemeinsam zu durchdenken. Denn nur so werden die Fähigkeiten der Kinder, die eigenen und auch fremden Gedanken und Pläne zu reflektieren, unterstützt.

Wachsende Sprachfähigkeit bedeutet auch, konfliktfähiger zu werden

Sprache ermöglicht Partizipation, denn dank eines sprachlichen Austausches kann sich ein Kind den anderen Kindern zugehörig fühlen. Es kann mitmachen, aber auch andere aktivieren und motivieren. Das ist der Grund, warum Kita-Kinder überglücklich sind, wenn sie merken, dass sie sich in einer ihnen anfangs sprachlich (noch) fremden Welt verstanden fühlen und auch schon selbst aktiv äußern können.

Bereits erste Ein-Wort-Sätze, die von den Kindern mit Freude begrüßt und zu beantworten versucht werden, entsprechen Etappensiegen auf dem Weg zur gegenseitigen Verständigung. Auf Kinder, die der deutschen Sprache (noch) nicht mächtig sind, sollte möglichst vielfältig mit Stimme, Mimik, Händen und Füßen, also möglichst variantenreich, reagiert werden.

Körpersprachliche Vitalität und der Einsatz zusätzlicher nonverbaler Techniken machen eine Verständigung mit Kindern in allen Situationen, auch den angespannten, leichter und dadurch Mädchen und Jungen – übrigens altersübergreifend – zugänglicher für Lösungsideen oder gar ein Umdenken. Die alterstypische Konflikthäufigkeit ist ein Zeichen von Überforderung aufgrund noch fehlender sozialer Kompetenzen und unzureichender verbaler Aushandlungsprozesse, die bei guter Begleitassistenz bis zum fünften bzw. sechsten Lebensjahr deutlich zurückgeht.

Sprachliche Begleitassistenz trägt viel dazu bei, dass Kinder auch im Umgang mit Gefühlen sprachfähig werden: Wer Gefühle zur Sprache bringen will, braucht dafür einen entsprechenden Wortschatz, ein sprachliches Repertoire. Vielfältige Rollenspiele (So-tun-als-ob-

Spiele) helfen Kleinstkindern dabei, sich in ihre Mitspieler hineinzudenken. Zugleich sind solche Spiele eine gute Übung, um zu verstehen, wie viel Information man braucht, um von der gleichen Ausgangssituation für ein gemeinsames Spiel ausgehen zu können.

Zwischen Sprach- und Konfliktfähigkeit besteht ein enger Zusammenhang: Sobald ein Kleinstkind seine Absicht, seinen Wunsch, sein „Nein!" zu etwas angemessen kommunizieren kann, kann es seine Gefühle auf sozial akzeptablere Weise äußern. Und was bedeutet das? Jedes Kind darf wütend sein, mal ausflippen, jedes Kind darf sich beschweren, und jedes Kind hat ein Recht darauf, vom hoffentlich stabileren Erwachsenen beruhigt zu werden. Das ist nämlich die Voraussetzung, verstehen zu können, was vom gerade jetzt ganz stark „Erwünschten" nicht klappen kann, aber welche Möglichkeiten, Auswege oder Ersatz durchaus machbar wären.

Das müssen wir Erwachsene immer im Blick haben: Auch das eben noch höchst aggressiv aufgetretene Kind braucht unseren Schutz und hat das Anrecht – trotz Fehlverhaltens –, die Gruppenzugehörigkeit nicht zu verlieren.

„Merkst du, wir vertragen uns jetzt wieder!" – ein Satz, der immer eine Antwort wert sein sollte. Beim Konfliktgeschehen ist eigentlich nur die anschließende Versöhnung wichtig. Hierbei spielen Fachkräfte als Bezugspersonen, die die Stress-Situation klug und professionell begleiten, eine wichtige Rolle. Den Moment nach einem Streit, bei dem es Tränen der Verzweiflung gegeben hat, sollten die beiden Kontrahenten in Ruhe auskosten dürfen. Zu zweit gemeinsam, in ihrer Nähe oder auf dem Schoß der Erzieherin sitzend, können die beiden ehemaligen „Streithähne" nun wieder das Treiben im Gruppenraum beobachten. Und dabei genießen, dass sie beide, die eben noch mit ihrem zornigen Geschrei der ganzen Gruppe ihre Gefühle aufgezwungen und sich durch ihren Streit – kurzfristig – ausgegrenzt haben, nun wieder mit dazugehören.

Praxisrelevante Ideen zum Umgang mit Konflikten

Die Haltung einer pädagogischen Fachkraft gegenüber Kleinstkindern offenbart sich besonders deutlich in der alltäglichen Konfliktbegleitung. Die hohe Verantwortung dieser Bildungs- und Erziehungsaufgabe wird in der Frühpädagogik vermutlich noch zu wenig gesehen. Immerhin hat sich aber der Blick auf Konflikte verändert: Nicht mehr die Vermeidung jeglicher Auseinandersetzungen ist das pädagogische Ziel, sondern der konstruktive Umgang mit Konflikten, vor allem ihre professionelle Begleitung. Diese ermöglicht es schon Kleinstkindern, erste Erfahrungen mit sozialem Lernen zu machen. Zudem regen die Fachkräfte auf diese Weise bereits das „Konflikthandling" an, eine besondere Art sozialer Intelligenz in Krisensituationen (siehe auch Seite 27).

Die Erfahrung mit Konflikten ist ungeheuer wichtig und prägend für unser soziales Zusammenleben: Die Ergebnisse aktueller neurobiologischer Forschung zeigen, dass die unterschiedlichen Erfahrungen, die Kleinstkinder mit Konflikten machen – jeweils abhängig von der Beziehungsqualität zu den sie begleitenden Erwachsenen –, Auswirkungen auf die Genaktivitäten und die neurobiologische Weiterentwicklung des Kindes haben. Eine Entwicklung, die wiederum das Verhalten im nächsten Konflikt oder bei der Verarbeitung eines Tadels beeinflussen kann (Bauer 2012).

> Letztlich geht es bei Konflikten immer um irgendeine Form des Interesses am Gegenüber. Den meisten Konflikten liegen vielfältige Interessen und eine hohe Spielmotivation zugrunde. Sie sind in aller Regel das Resultat einer gemeinsamen Aktivität.

Wenn pädagogische Fachkräfte ein Kleinstkind in einer Konfliktsituation angemessen begleiten, helfen sie ihm dabei, sich für sein Gegenüber zu sensibilisieren und somit letztlich gruppenfähig zu werden. Je vertrauter ihnen im Laufe der pädagogischen Arbeit „ihre" Kinder werden und je mehr und unterschiedliche Erfahrungen die Fachkräfte durch eine der Entwicklung angemessene pädagogische Struktur ermöglichen, desto kontrollierbarer werden die Kinder zunehmend Konflikte und deren Folgen empfinden. Sind die Sozialisationsbedingungen gut, werden Konflikte schon „von allein" seltener, je älter die Kinder werden.

Negative Gefühle und Äußerungen wie Wut und Trotz haben ihre Berechtigung und sind wichtig für die kindliche Entwicklung. Alle Gefühle sind in Ordnung und dürfen gezeigt werden. Aber nicht alle daraus entstehenden Handlungen können akzeptiert werden (Fischer 2012a, 2012b). Daher sollten Sie sich als pädagogische Fachkraft bei einem heftigen Konflikt mit dem verursachenden Kind an einen ruhigen Platz zurückziehen – es braucht jetzt dringend Ihre Mitregulation, die seinen Stress reduziert. Genauso wichtig ist es ihm, sobald es sich beruhigt hat, zu erklären, was eben passiert ist, und gemeinsam zu überlegen, wie es jetzt weitergehen könnte.

Verstehen Sie sich als „Konflikt-Coach"! Ihnen als pädagogische Fachkraft kommt die Aufgabe zu, den Kindern alle die Gefühle und Bedürfnisse, die während des Konflikts mit im Spiel waren, zu verdeutlichen – in Ihren Worten. Für Sie ergibt sich die Herausforderung, die jeweiligen unterschiedlichen Sichtweisen der an einem Konflikt beteiligten Kinder einzunehmen und diese wechselseitig darzustellen. Erst dann können Sie gemeinsam nach einer Lösung suchen. Sie können den Kindern dabei auch Alternativen zu der umkämpften Angelegenheit anbieten, zum Beispiel,
▸ das begehrte Bobbycar abwechselnd zu nutzen,
▸ dass Kevin den gleichaltrigen Noah mitspielen lässt, wenn dieser verspricht, nicht immer mutwillig den Turm aus Bausteinen umzuwerfen (weil er als Miterbauer dann auch keinen Grund mehr hat, das gemeinsame Bauwerk zum Einsturz zu bringen).

Ist eine Lösung gefunden, können die Kinder mit neuen Spielchancen im Kopf durchatmen – und es bleibt das Gefühl zurück: Wir haben es geschafft, wir können wieder zusammen spielen!

Fachkräfte können in ihrer Funktion als „Konflikt-Coach" den Kindern durchaus ihre Anerkennung zeigen und sich ihre Freude darüber anmerken lassen, dass sich jetzt zwei Freunde nach einer schwierigen Situation wieder vertragen und zusammen spielen. Im Sinne einer gelingenden Konfliktprävention kann das für alle Beteiligten nur förderlich sein.

6.
Sozialkompetent wird kein Kind von allein

Wie lernt der Mensch? Am Modell, das heißt durch Zuschauen, Ausprobieren, Zuhören und durch die Auswertung der in Auseinandersetzungen gemachten Erfahrungen. Der Einstieg in eine bereits bestehende Gruppe – die sich bereits „gefunden hat" – fällt uns selbst im Erwachsenenalter nicht immer leicht. Erinnern Sie sich noch an das Grillfest am See, zu dem Sie als Letzte(r) deutlich verspätet ankamen?

Manche Kinder werden von ihren Eltern, aber auch von den Fachkräften besser begleitet als andere Jungen und Mädchen. Bei einigen Kindern fällt uns die Begleitung über den Tag leichter, bei anderen Kindern empfinden wir sie als mühsam, eine positive Rückmeldung lässt lange auf sich warten. Unser professioneller Auftrag ist dennoch, jedem Kind die aktive Teilhabe am Geschehen zu ermöglichen und dies situationsübergreifend zu erleichtern.

Bei unbegleiteten Übergängen im Kita-Alltag drohen aggressive Handlungen gegen sich selbst, gegen andere Kinder oder gegen Spielgegenstände – typisch für Überforderungssituationen. Damit Kinder wirklich gruppenfähig werden (siehe Seite 23ff.), brauchen sie viele Kompetenzen, die ihnen am besten in „vorbildlichen" Interaktionen mit ihren Fachkräften, aber auch bei der Begleitung von Interaktionen unter Kindern nahegebracht, „vor Augen und Ohren" geführt werden.

Was sollten wir in der Sozialkompetenzförderung primär in den Blick nehmen? Eine wichtige Voraussetzung ist die von Anfang an empathische Begleitung der Kinder durch ihre Eltern und ebenso durch die ihnen zur Seite gestellten Fachkräfte, nachdem diese das Vertrauen der Kinder gewonnen haben. Hierzu gehört es, dem Kind seinen Kompetenzzuwachs in vielen für seine Entwicklung wichtigen Bereichen rückzuspiegeln. Ebenso hat das Interesse am Zusammensein und an einer gemeinsamen Spielaktion, das die anderen Kinder durch Annäherung, Anspielen oder nicht-verbales wie verbales Beantworten zeigen, einen großen Stellenwert.

> Durch Rückerinnerungen an ihren Start in der Einrichtung wird für einzelne Kinder ihr geglückter Einstieg in die Gruppe nachvollziehbar (Griebel & Niesel 1998, S. 11):
> ▶ „Ich war sehr traurig. Ich wollte weinen, aber ich hab mich nicht getraut. So viele Kinder und viele Tische und viele Stühle. Ich wollte wieder nach Hause, aber die Mama hat es nicht erlaubt. Ich komme gerne. Noch besser wären nur Mädchen."(Sandra, 4;2 Jahre)
> ▶ „Als ich hier noch klein war, ganz am Anfang, war ich so aufgeregt. Ich hab´ die ganze Nacht nicht geschlafen. Ich hatte Freude und Angst. Alles war so groß, und ich bin immer hinter der Mama gegangen. Aber sie hat mich dann reingestellt und – ja, so war's." (Tino, 3;8 Jahre)

Der Beziehungsaufbau zur Fachkraft muss sich in kindlichen Gefühlskonflikten und unter Belastungen, das heißt, im Zusammenhang mit Anforderungen an das Kind, noch bewähren. Erst der Umgang mit dem gestressten, dem bedürftigen Kind stellt die Beziehungswei-

chen. Das bedeutet: Ein Kind benötigt eine erwachsene Person, die ihm empathisch und wertschätzend zur Seite steht, mit ihm auf seine Weise kommuniziert und es in seiner Persönlichkeit, seinem Tun und Handeln sieht und begleitet.

Ausschlaggebend ist, ob das Kind seine Bedürfnisse und Wünsche, aber auch seine Not, seine Ängste und Sorgen verbal oder nonverbal frei äußern kann. Unter diesen Voraussetzungen setzen Schritte zur Selbstregulation und Stressbewältigung ein.

Man hat auch beim Prozedere der Eingewöhnung dazugelernt, auf individuelle Besonderheiten zu achten und von einem durchschnittlichen Modellablauf eher Abstand zu nehmen. Entgegen früherer Ratschläge, das Kind generell zuerst in einem kleinen überschaubaren Raum, allein oder mit wenigen anderen Kindern, einzugewöhnen, zeigen Praxisbeobachtungen, dass unerwartet viele Kinder bereits nach wenigen Starttagen klar signalisieren, zuerst mit den Eltern, dann mit der Bezugserzieherin in der Einrichtung „unterwegs" sein zu wollen. Sie möchten also den Ort wechseln, mehr sehen, vielleicht sogar signalisieren, primär im Außengelände, im Freien starten zu wollen. Hinter geschlossener Gruppenzimmertüren kann die Verunsicherung größer sein als in der Nähe der Bezugserzieherin im Gras, Sand und auf Steinplatten im Freien; das kennen die meisten Kinder bereits vom Spielplatz- oder Parkbesuch mit ihren Eltern.

Die Ankunftssituation in einer anfangs „fremden Umgebung" scheint für einige Kinder in sicherer Nähe zu vertrauten Personen in Bewegung leichter zu bewältigen sein. Der motorische Erregungsabbau wie auch die selbst gesteuerte Nähe-Distanz-Regulation zu Mutter oder Vater wie auch zur noch wenig bekannten pädagogischen Fachkraft sollten bei einer professionellen Startbegleitung mit in den Blick genommen werden.

Jede Eingewöhnung stresst, aber der Stress kann mithilfe vertrauter Bindungspersonen und der sensiblen Zugewandtheit der neuen Bezugspersonen kontrollierbar werden.

6.1 Eine Eingewöhnung kann tatsächlich ein die Resilienz steigerndes Erlebnis sein

Eine professionelle Eingewöhnung kann die Affektregulation des Kindes stärken, sodass es nach einer individuell unterschiedlich langen Phase von Irritation und „gefühltem" Kontrollverlust beim Abschied der Eltern erweiterte Kontrollerfahrungen durch einen verlässlichen Beziehungsaufbau zu den Fachkräften wie auch – in anderer Form – zu den anwesenden Kindern erleben kann. Entscheidend ist, ob
▶ die Bezugsperson das gestresste Kind bei seinen Regulationsversuchen unterstützen und ihm die Chance geben kann, seine Bewältigungsstrategien einzusetzen, das Kind also seine Belastung als kontrollierbar erlebt,
▶ das Kind die Anforderung zunehmend als bewältigbar, als machbare Herausforderung einschätzt.

> **Was können individuelle Bewältigungsstrategien sein?**
> ▶ Ins Außengelände gehen
> ▶ Durch die Einrichtung spazieren (mal sehen, ob Sophie wieder gesund ist)
> ▶ Die Fische im Aquarium anschauen
> ▶ In der Stoffkiste wühlen und nach dem „Streichelsamt" suchen
> ▶ Die leider immer noch unterschätzte Bedeutung des angespielten Raumes

Resilienzförderung schon beim Kita-Start – um was genau geht es? Es geht um die großen sozialen Ziele:
- Selbst- und Fremdwahrnehmung
- Selbstregulation
- Selbstwirksamkeit
- Sozialkompetenz
- Stressbewältigung
- Problemlösekompetenz

Frühe Stressbewältigung

Die Kinder zeigen individuell unterschiedlich und somit vielfältig, welche Form der Zuwendung und Regulationshilfe sie brauchen, um sich nach heftiger Erregung wieder stabilisieren zu können. Das Gefühl dazuzugehören muss sich individuell entwickeln können. Es nützt nichts, das Kind durch Ablenkung oder angeleitete Beschäftigung über diese Anforderung hinwegzutäuschen! Ein eigeninitiativ gewählter Start, ein persönliches Einstiegsritual können Ankommen und Reinfinden in die Gruppe deutlich erleichtern.

Voraussagbare Reaktionen und verlässliche Beantwortung sind für alle Kinder wichtig, um nicht wegen Überforderung Überlastungsphänomene erleben zu müssen, die auch zu massiver Abwehr und Aggression aus Angst führen können.

Was erleichtert einem Kind in der Eingewöhnung den morgendlichen Start in der Kita? Dazu gehören zum Beispiel:
- die Wiedererkennbarkeit des Tagesablaufs,
- dem Kind vertraute Räumlichkeiten und ein möglichst freier Zugang zu Materialien und Spielgegenständen,
- das Vorhandensein klarer Freiräume und einiger weniger, aber eindeutiger Regeln (siehe Seite 44f.),
- zugewandte, verständliche Rückmeldung.

Diese Orientierungspunkte sind für alle Kinder wichtig, auch wenn sie ihren Kita-Start höchst individuell angehen. Besonderheiten, die einem Kind Sicherheit bieten, müssen für die Eingewöhnungszeit bedacht und berücksichtigt werden – auch wenn sie von Kind zu Kind unterschiedlich sind.

Manche Kinder entwickeln recht schnell ihr eigenes Ankunftsritual. Sie präsentieren ihre Form eines konstruktiven Umgangs mit der zeitweiligen Trennung von den Eltern. Mit dieser brisanten Situation umgehen zu können – weder verzweifelt zu weinen, noch aggressiv um sich zu schlagen oder aus Kontrollverlust zu beißen – ist eine wichtige Voraussetzung, um die neue Umgebung zum Wohlfühlen und Lernen nutzen und Interesse an den anderen Kindern und ihren Aktionen zeigen zu können.

Das freudige und sichere Ankommen der anderen Kita-Kinder kann eine zusätzlich beruhigende Einstiegshilfe neben der zugewandten Eingewöhnung durch eine Fachkraft sein. Das engagierte Spiel der anderen Kinder und ihre bereits gewählten Tätigkeiten scheinen die neuen Kinder nicht nur zu locken, sondern ihnen auch zu signalisieren, dass in der Kita mit nichts Ängstigendem zu rechnen ist. Die Beobachtung der Spielhandlungen der anderen Kinder kann so verständlicherweise deutlich zur eigenen Stabilisierung beitragen. Den Einstieg am Morgen stellt häufig ein bewusst selbst gewähltes Parallelspiel in geringem Abstand zu einem anderen Kind dar, das genau beobachtet und auch nachgeahmt wird – natürlich mit dem Risiko oder auch der Chance, von ihm angespielt oder zum gemeinsamen Spiel aufgefordert zu werden.

> Wir beobachten oft echte Einstiegshilfe durch die anderen Kinder. Hier ein Beispiel, das uns überrascht hat: Ein Fünfjähriger, der in unmittelbarer Nähe eines beim Abschied von seinem Papa heftig weinenden Zweijährigen mit seiner Freundin am Boden spielt, sagt zu ihm: „Wenn du fertig bist mit Weinen, kannst du bei uns mitspielen!"

Krippenkinder brauchen einige Zeit und eine gute Erregungsbegleitung, bis sie sich beim täglichen Krippenstart allein beruhigen können. Alle Stress-Situationen sind noch sehr anstrengend für sie:
▶ Krippenkinder können noch nicht auf etwas für sie Wichtiges warten, schnell kommt die Verzweiflung, den Wunsch nicht erfüllt zu bekommen.
▶ Sie verfügen noch nicht über Selbstregulationsfähigkeiten und haben noch keine Zeitvorstellung, was bedeutet, dass jedes Warten sie anstrengt und in Überforderungssituationen bringt.
▶ Ihr Stress wird nur durch Erschöpfung beendet oder – hoffentlich öfter – mithilfe der begleitenden erwachsenen Bindungs- und Bezugspersonen.

Ein Kind benötigt Erwachsene, die ihm empathisch und wertschätzend zur Seite stehen, mit ihm feinfühlig kommunizieren und es in seiner Persönlichkeit, seinem Tun und Handeln anerkennen und ernst nehmen. Es muss seine Bedürfnisse und Wünsche, aber auch seine

Ängste verbal oder nonverbal äußern können und hat das Recht auf passende Regulationshilfe – zeitnah und immer zugewandt.

Es ist aus der Resilienzforschung ableitbar, dass die Entwicklung eines eigenen, vielleicht sogar tagesaktuell variierenden Ankommrituals als konstruktiver Umgang mit der Trennung verstanden werden muss. Die dadurch erlebte Stabilität ist eine wichtige Voraussetzung, um die neue Umgebung zum Lernen nutzen und Interesse an den anderen Kindern und ihren Aktionen zeigen zu können.

Jede Eingewöhnung diversitätsbewusst angehen

Eine gute Eingewöhnung, das heißt, eine passende Eingewöhnung für ein Kind muss verschiedene Resilienz-Faktoren berücksichtigen. So geht es zum Beispiel in den ersten Startwochen um die Unterstützung individueller Selbstregulationsfähigkeit, aber auch um Selbstwirksamkeitserfahrungen nach aggressiv-verzweifelter Abwehr. Es ist wichtig, das Kind bei seinen eigenen Strategien zur Stressbewältigung zu unterstützen. Auch eine professionell gute Zusammenarbeit mit den Eltern ist zentral, denn die Väter und Mütter spiegeln ihre Sicherheit und Zuversicht dann auch ihrem Kind. Viel Wissen und zugewandte Professionalität sind hier entscheidend.

> Haben Sie schon einmal versucht, einer afrikanischen Mutter das Eingewöhnungskonzept Ihrer Kita zu erklären? Kinder mit Migrationshintergrund aus Ländern mit relationalen Kulturen, in denen es üblich ist, dass schon Kleinstkinder große Teile des Tages in der Gemeinschaft mit anderen Kindern verbringen und außerdem von mehreren Personen in der Familie angeleitet und erzogen werden, brauchen zur Eingewöhnung keine lange Begleitung und auch nicht den dauernden Kontakt mit erwachsenen Bezugspersonen, sondern eher die muntere Anwesenheit anderer Kinder als Verhaltensmodell, das ihnen den Einstieg erleichtert.
>
> Für Kinder aus relationalen Kulturen ist die dauernde Anwesenheit der Mutter als Respektperson und eines weiteren Erwachsenen, der sich ausschließlich auf sie konzentriert, eher ein Stressfaktor, der Unruhe und Unsicherheit mit sich bringt. Von den anderen Kindern, den Peers, werden die offensichtlich für sie geltenden Regeln recht schnell und diskussionslos übernommen (Keller 2016).
>
> Haben Sie schon einmal einer japanischen Mutter zu erklären versucht, dass die Eingewöhnung von Tochter Umi mithilfe der Großmutter wahrscheinlich nicht problemlos klappen wird, weil diese das Kind nur vom Skypen kennt. Es ist geplant, dass die Großmutter zum Kita-Start für zwei Wochen nach Deutschland kommt und ihre Enkelin in der Kita begleitet, da die Eltern ganztags beruflich eingebunden sind.

Auch von einer längeren Eingewöhnung eines Kindes mit einer Fachkraft allein in einem kleinen Nebenraum wird eher abgeraten, da diese isolierte 1:1-Situation mit einer noch unbekannten Person recht viele Kinder überfordert und massiv stresst. Außerdem wird sich das Kind vehement gegen die zweite Phase dieser Eingewöhnung – von der 1:1-Situation zu einer 1:12-Situation (in der Gruppe) – zur Wehr setzen. Es wird sich verzweifelt-aggressiv verweigern.

Für Kinder, die bislang vor allem mit ihren Eltern in engem Kontakt waren und noch nicht oder selten mit anderen Kindern konfrontiert wurden, ist eine Eingewöhnung im Beisein eines Elternteils in der Regel das Beste, da die Anwesenheit von Mutter oder Vater wesentlich zur Stressbewältigung beitragen wird und eine aggressive Abwehr verhindert. Auch diese Kinder sind meist an anderen Mädchen und Jungen, ihrem Tun und ihren Spielsignalen interessiert, sodass Kontaktmöglichkeiten mit einigen von ihnen von Anfang an zur Stressminderung in den Blick genommen werden sollten. Bei einer sensiblen individuellen Begleitung finden die meisten Kinder recht schnell ihren Platz in der Kindergruppe.

6.2 Sorgen um „zu wenig oder nicht gesehene Kinder" in den Kitas

Entwicklungs- und Aggressionsforscher machen sich zunehmend Sorgen um die sogenannten „zu wenig oder nicht gesehenen Kinder" in den Einrichtungen. Es geht um Kinder, die aufgrund ihrer Persönlichkeit lange Zeit ausschließlich zurückhaltend agieren und reagieren und deshalb weniger als andere Mädchen und Jungen im Blick der Fachkräfte sind. Diese Kinder machen nicht – auf jeden Fall zu wenig – auf sich aufmerksam. Auswertungen nach Beobachtungen bei laufendem Betrieb zeigen, dass diese Kinder von den Fachkräften deutlich seltener angesprochen und kaum aktiv in ein Gespräch oder in Planungen von Ausflügen oder alle betreffende Veränderungen einbezogen werden.

Es ist zu befürchten, dass diese Kinder weniger Impulse zu ihren Bildungsinteressen erhalten und weniger persönliche Zuwendung bekommen. Wenn das der Fall ist, wird von einer defizitären Bildungssituation in den Kitas gesprochen, denn als Kind mit seinen individuellen Bedürfnissen gesehen und entsprechend empathisch und anregend begleitet zu werden gilt als wichtige Voraussetzung für eine gelingende frühe Bildung.

Daneben gibt es berechtigte Bedenken, ob die zu wenig oder nicht gesehenen Kinder dennoch genug Chancen haben, angst- und aggressionsfrei in der Kita anzukommen. Diesen Kindern fehlt es an „sozialem Kitt". Es ist mit Problemen bei der Selbst- und Fremdwahrnehmung zu rechnen, aber auch mit unerwarteten aggressiven Ausbrüchen – meist aus Verzweiflung über frustrierende Misserfolge und Überforderung in Konfliktsituationen, die nicht entlastend und lösungsorientiert von den Fachkräften begleitet werden.

Beobachtungen zeigen, dass hier mimische, körpersprachliche oder verbale Präsenzsignale seitens der Fachkräfte, die die Kinder in Situationen sozialen Stresses beruhigen und so stressfreier Lösungen finden lassen könnten, oft, mitunter sogar ganz fehlen. Aus diesen durchaus nachvollziehbaren Frustrationen können aggressive Verzweiflungshandlungen entstehen. Denn zugewandte Rückmeldungen oder spontan Interesse zeigende Ansprachen signalisieren den Kindern, dass ihre Anwesenheit etwas bedeutet und ihr Engagement sowie ihre Ideen für die Gruppe wichtig und spannend sind. Sie merken, dass etwas, was sie gemacht oder vorgeschlagen haben, der Rede wert war und darauf eingegangen wird.

Neben sozial-emotionalen Defiziten aufgrund fehlender interpersoneller Botschaften kann es diesen Kindern auch an Anregungen, zeitnahen Rückmeldungen, an Bestätigung oder an Unterstützung ihrer Vorhaben und Pläne fehlen, da ihre Bildungsbemühungen eher geduldet werden – wenn sie überhaupt im Blick sind und als solche wahrgenommen werden.

In Einrichtungen beobachten wir mitunter, dass sehr selbstständige Kinder erst am Spätnachmittag ihren Eltern beim Abholen zeigen und erklären können, was sie über den Tag konstruiert, modelliert oder gemalt haben. Dann können sie auch darüber berichten, was ihnen dabei durch den Kopf gegangen ist, was ihre Intention beim Spielen oder Bauen gewesen war. Voraussetzung dafür ist natürlich, dass ihr Werk fotografiert oder an einen sicheren Ort gebracht wurde und so zusammen mit den Eltern noch angeschaut werden kann. Diese frühen Beweise für Selbstwirksamkeit sollten immer der Rede oder des Fotos wert sein. Denn gute Gefühle, die durch Erfahrungen der Selbstwirksamkeit entstehen, lassen es zu weniger entgleitenden Aggressionen kommen. Kinder, die sich auf diese Weise bestätigt fühlen, haben es nicht nötig, aggressiv zu werden!

Selbstbefragung: Was strahle ich in herausfordernden Situationen aus?

Sensibel und responsiv im Alltag zu agieren gehört zum professionellen Auftrag aller mit Kindern arbeitenden Fachkräfte, und das gilt besonders in herausfordernden und aggressionsauslösenden Situationen. Ein ressourcenorientierter Blick entspannt die Situation und kann dadurch bei vielen Gelegenheiten die Problemlösekompetenz der Kinder stärken.

> Eine Fachkraft bemerkt und benennt eine schwierige Dilemma-Situation, in der zwei Kinder verzweifelt feststecken. Das „Unglück" beider Kinder wird gesehen und benannt, was keineswegs immer thematisiert wird, weil meist eher die Lösung als die Entstehungsgeschichte der Lösung gemeinsam in den Blick genommen wird. Im

6.2 Sorgen um „zu wenig oder nicht gesehene Kinder" in den Kitas

Alltag wird in aller Regel schnell entschieden, wer was hätte besser machen sollen – als Tipp für das nächste Mal.
Die pädagogische Fachkraft stellt fest: „Das ist jetzt wirklich eine schwierige Situation. Stefan und Otto brauchen beide dieses Fahrzeug für ihre Spielidee. Hat vielleicht ein Kind eine Idee, wie wir das Problem lösen könnten?

▸ Könnte der geplante Transport auch mit einem anderen Fahrzeug klappen?
▸ Stefan und Otto, könntet ihr vielleicht als Team zusammenarbeiten, wie in einer großen Spedition, die ja immer mehrere Aufträge parallel ausführen muss?"

Es klappt! Das gemeinsame Weiterspiel ist gerettet! Hier endet zumeist die Konfliktbegleitung.
Aber vielleicht wäre der Konflikt dennoch erneut „der Rede wert", um die Erfahrungen dabei auch auf andere Situationen übertragen zu können? Den Kontrahenten könnte nach allgemeiner Beruhigung und direkt vor dem Weiterspielen nochmals vor Augen geführt werden: „Kinder, ihr habt eine Lösung gefunden. Ihr habt es hinbekommen!" Eine gute Lösung ist immer anerkennende Worte wert, die möglichst viele Kinder hören und „speichern" sollten.

Eine gute Begleitung in herausfordernden Situationen stärkt die Selbst- und Fremdwahrnehmung bei einem Konflikt. Sie unterstützt auch – am besten mitwachsend – die Selbstregulation und Stressbewältigung der Kinder und hinterlässt positive Gefühle: „Ja! Die Situation war schwierig, aber ihr habt es hinbekommen, ohne Krach!" Die beteiligten Kinder behalten im Gedächtnis, dass die Aufregung „überlebbar", die Situation eigentlich – im Nachhinein gesehen – gar nicht so schlimm gewesen war, da sie wirklich eine gute Lösung gefunden haben, um miteinander weiterspielen zu können! „Und euch allen hat es total Spaß gemacht, das habe ich gesehen!" wäre dann noch eine gute Rückmeldung, die auch das Emotionale der gemeinsamen Situation aufzeigt.

Zutrauen in die Ideen der Mädchen und Jungen sowie eine dezente Unterstützung von gemeinsamen Planungen steigern die Sozialkompetenz sowie die Selbstwirksamkeitsgefühle aller beteiligten Kinder: „Wir waren heute den ganzen Tag ein gutes Team!" Nur mit Unterstützung lernt man Gruppenfähigkeit. Besonders gut muss die Unterstützung gewesen sein, wenn eine Kindergruppe – zwei und mehr Kinder – nach einem Streit gemeinsam weiterspielen kann.

Es geht um erweiterte Partizipationsmöglichkeiten und zugewandte Unterstützung gerade in herausfordernden Situationen. Dadurch werden die Selbstwirksamkeitsgefühle der Kinder in ungeahntem Maße gestärkt. Nicht nur deren Frustrationstoleranz wird erhöht, sondern auch langfristig die Problemlösekompetenz.

6.3 Resilienzförderung setzt eine achtsam-aufmerksame Begleitung voraus

Die Förderung der Resilienz im frühen Kindesalter setzte eine achtsam-aufmerksame Begleitung durch die Fachkräfte voraus, und das gilt für alle Jungen und Mädchen – auch für oft aggressiv auffallende wie extrem stille und unauffällige Kinder.

Bei erschreckend vielen „nicht gesehenen Kindern" geht es nicht nur um weniger Anregung und geringere Bildungschancen, sondern oft auch um fehlende Resilienzförderung. Rückmeldungen und direkte Beobachtungen deuten darauf hin, dass ihr Bildungsanspruch nicht befriedigend erfüllt wird, weil ihre spontanen Ideen nicht mit Aufmerksamkeit und anerkennender Wertschätzung durch die Fachkräfte beantwortet werden und Vernetzungsideen mit anderen Kindern zu wenig gesehen und folglich auch zu selten unterstützt und deshalb ermöglicht werden.

Zu einem Resilienz-Erlebnisse einschließenden Bildungsauftrag gehören vielfältige Erfahrungsmöglichkeiten, angeregte Gespräche über Beobachtungen, spannende Rückschlüsse und mögliche logische Konsequenzen, an deren Enträtselung immer mehrere Kinder teilhaben sollten.

Die frühe Resilienzförderung hat die Ergebnisse der Schutzfaktoren-Forschung mit aufgegriffen, die vielfältig auf die Bedeutung der Selbstwirksamkeitserfahrungen verweisen. Selbstwirksamkeitserfahrungen sind sensibel – und

- ▶ brauchen Schutz und Unterstützung;
- ▶ vertragen oft keinen Aufschub: Was brauche ich genau jetzt?
- ▶ brauchen zumindest anfangs möglichst viele zugewandt begleitete Entspannungsmomente, um individuell stressende Situationen wie Ermüdung, Erschöpfung und Anspannung erkennen und einschätzen zu lernen und den richtigen Weg aus der Belastung heraus zu finden.

In Krippen und Kitas sollte es immer die Chance und einen freien Zugang zu allein zu erreichenden Rückzugs- und Entspannungsmöglichkeiten geben. Zu diesem Ergebnis hat die Suchtpräventionsforschung viele Erkenntnisse beigetragen.

Wie lernen Kinder Konfliktlösekompetenz?

Konfliktfähigkeit lässt sich nicht unterrichten: immer mittwochs, direkt nach der Sprachförderung von 11:00 bis 11:20 Uhr! Konfliktfähigkeit muss man vorgelebt bekommen und dabei unterstützt werden. Das ist wichtig, denn dank zunehmender Konfliktfähigkeit werden unkontrollierte Aggressionen seltener. Zur Konfliktfähigkeit sind einige komplexe soziokognitive Fähigkeiten notwendig, die in den ersten Lebensjahren am besten in Situationen eigener Betroffenheit erfahren und verstanden werden müssen. Erst dann sind die Voraussetzungen dafür gegeben, dass diese soziokognitiven Fähigkeiten von den Kindern selbst als wichtig

6.3 Resilienzförderung setzt eine achtsam-aufmerksame Begleitung voraus

eingeschätzt und spontan eingesetzt werden können. Bald ist der Umgang mit ihnen so vertraut, dass diese Kompetenzen ihnen situationsübergreifend zur Verfügung stehen.

Was muss man erlebt und erfahren haben, bevor man sozialkompetent wird? Einige zentrale Voraussetzungen sind bekannt – wichtig ist,

- mit anderen Kindern häufig in Kontakt zu kommen, besser noch, professionell dabei begleitet zu werden und eine wohlüberlegte Unterstützung zu erfahren, die sich immer mehr zurücknimmt, jedoch bei signalisiertem Bedarf auch zur Stelle ist;
- viele sozial-kluge Erwachsene um sich herum – in Echtsituationen – beim Problemlösen erleben zu können. Keine Angst: Diese Modelle müssen nicht immer optimal sein, aber sich schlussendlich für alle gut und okay anfühlen;
- unterschiedliche Formen von Kontakten in verschiedenen Gruppen beobachten zu können. Welche Strategien scheinen erfolgreich, also einsetzbar zu sein? Was geht oft schief, scheint erfolglos zu sein?
- auch am „eigenen Leib" erfahren zu können, wann und warum mit welchen Konsequenzen zu rechnen ist und was – letztendlich – geeignete Strategien zur Kontaktaufnahme sind, also ein längerfristiges „Zusammenspiel" ermöglichen.

Welche wichtigen Ziele für die Zukunft sind im Zusammenhang mit der Sozialkompetenzentwicklung in den Blick zu nehmen? Dazu gehört es zum Beispiel,

- vorausschauend handeln zu können,
- komplexe Probleme lösen zu können,
- die Folgen des eigenen Handelns abschätzen zu können,
- seine Aufmerksamkeit auf die Lösung eines bestimmten Problems fokussieren und sich darauf – auch längerfristig – konzentrieren zu können,
- relevante Fehler bei der Suche nach einer Lösung rechtzeitig zu erkennen, damit sie noch korrigiert werden können,
- sich bei der Lösung einer schwierigen Aufgabe nicht von Frustrationen ausbremsen zu lassen.

Erneut wird deutlich, dass der Umgang mit Aggressionen eine professionell zu begleitende Entwicklungsaufgabe höchster Relevanz für das Zusammenleben in Gruppen wie für das individuelle Weiterkommen ist. Ein beeindruckendes Beobachtungsbeispiel soll dies nochmals vor Augen führen:

> Robin, der Boss der ältesten Jungen der Kindergartengruppe, war an diesem Morgen bereits mehrmals vom gleichaltrigen Lorenz provokant angegangen worden. Doch war deutlich erkennbar, dass Robin heute auf „unaufgeregte" Weise eine Eskalation zu verhindern versucht.
> Dem ersten Konflikt entging er durch ein witziges Ablenkungsmanöver. Kurze Zeit später kam es erneut zu einer angespannten Situation zwischen den beiden Kon-

> trahenten, die Robin durch Drohblicke beendet. Auch ein gelungener Versuch, eine ernste Aggression von Lorenz ins spielerische Raufen umzulenken, hat bereits stattgefunden.
> Als Lorenz erneut hinter Robin herjagt und ihn dauernd an der Jacke zieht, dreht dieser sich blitzschnell um, packt den Überrumpelten und drückt ihn mit dem Rücken kurz, aber herzhaft an die Wand des Gartenschuppens. Als Lorenz sich wehren will, ist Robin bereits verschwunden, klettert geschickt auf das Dach des Schuppens – was natürlich verboten ist –, schaut sich kurz um, balanciert gewandt über den Dachfirst (was strengstens verboten wäre, wenn einer der Erwachsenen auf diese Idee überhaupt gekommen wäre) und landet mit einem sicheren Sprung vom Dach auf dem Sandboden.
> Ungeteilte Aufmerksamkeit aller Kinder und deutlich sichtbare Bewunderung lassen Robin im Zentrum der Aufmerksamkeit stehen. Seine Position ist zumindest für die nächsten Tage wieder unbestritten und unantastbar, was Lorenz sofort verstanden hat und zumindest eine Zeit lang – wohl oder übel – akzeptieren muss.
> Wenige Tage später will Robin einige Kinder von der Wichtigkeit einer bestimmten Handlung im Spielablauf überzeugen. Die anderen Kinder zögern, zuzustimmen. Daraufhin fragt seine Spielkameradin Lisa leise: „Was machst du, wenn sie nicht mitmachen wollen?" Während Robin noch nachdenkt, gibt sie sich selbst die Antwort: „Dann musst du eben wieder über das Dach laufen!"

Der Start in die sogenannte „soziale Identität" ist anspruchsvoll, aber das Bedürfnis nach – zumindest zeitweiliger – Zugehörigkeit zu einer Gemeinschaft scheint schon im Krippen- und Kindergartenalter hoch und das Ziel äußerst verlockend zu sein. Genau dieser „Miteinander-Wunsch" bei noch relativ wenig Erfahrung mit Sozialkompetenz wird von den Fachkräften wie sicher auch den Kindern selbst zumindest anfangs als durchaus belastend erlebt. Jetzt ist eine stressreduzierende, professionelle Begleitung absolut wichtig, denn wegen der gegenseitigen Begeisterung kommt es zu vielen Konflikten unter den Kindern.

In etwa gleichaltrige Kinder in der Nähe zu haben, das heißt ähnliche Modelle, ist im Kita-Alltag für jedes Kind wichtig. Die Bedeutung etwa gleichaltriger Kinder als passendes Vorbild kann nicht hoch genug eingeschätzt werden. Das Verhalten der etwas älteren Kinder zu beobachten führt den Jungen und Mädchen die Zone der nächsten Entwicklung vor Augen. Aber kein Kind orientiert sich nur „nach oben"! Auch ein Blick auf Kinder, die jünger sind, kann wichtig und klärend sein, denn er lässt eigene Fortschritte spürbar werden. Hier wird die Bedeutung einer erlebten und gut begleiteten Altersmischung deutlich.

Unterstützung in der Akutsituation ist nötig

Warum fällt es Kindern, die früh in eine gute Kita kommen oder mehrere Geschwister zuhause haben, leichter, die jeweils unterschiedlichen Gefühle und Beweggründe ihrer Kontrahenten zu erkennen? Was könnte der Grund hierfür sein?

Bei dieser Frage geht es um vielfältige Erfahrungen, die man alle im „Echtleben" – möglichst täglich – machen sollte. Damit das klappt und die Erfahrung als Lernsituation genutzt werden kann, müssen die Fachkräfte gut verständliche Übersetzungshilfe für die Auslösesituationen anbieten. Dieses Wissen ist wichtig, um vergleichbare Situationen bald erkennen, zuordnen und bewältigen zu können.

Dieterich (2012) weist darauf hin, dass es für den Ausgang von Konflikten wichtig ist, sich in die Situation des Anderen hineindenken zu können, seinen Blickwinkel, seine Bedenken und sein anvisiertes Ziel in die Überlegungen mit einzubeziehen, auch wenn das Hauptziel des Akteurs darin besteht, sein Ziel und dessen Bedeutung im Auge zu behalten. All diese Voraussetzungen entscheiden darüber, ob ein Konflikt eskaliert, kleingehalten oder gelöst und vielleicht sogar an ein gemeinsames Weiterspiel gedacht werden kann. Übrigens: „Das hätte ich von dir nicht erwartet!" ist kein günstiger Kommentar zur Klärung des Problems.

> In Konfliktsituationen haben wir in aller Regel höhere Erwartungen an „eigentlich" sozialkompetente Kinder, zeigen ihnen gegenüber sogar mehr Enttäuschung und reagieren schärfer (bestrafender) auf einen von ihnen initiierten Streit, was keineswegs gerechtfertigt oder gar gerecht sein muss.
>
> Aber: Ein Kind, das sich in einer komplexen Freispielsituation äußerst kooperativ verhält, macht dies nicht automatisch auch in Konflikten, in denen es sich oder sein Vorhaben in Gefahr sieht.

Im Kindesalter befindet sich aggressives Agieren in der Erprobungsphase

Fachkräfte in Kitas und Eltern müssen wissen und verstehen, dass sich aggressives Agieren im Kindesalter in der Erprobungsphase befindet, und ihre Begleitung und Beantwortung entsprechend situationsgemäß danach ausrichten. Für ein Kind ist es wichtig zu klären, ob es sich lohnt, in bestimmten Situationen auf sein Recht zu pochen und dafür aggressiv einzustehen. Das ist auch der Grund, weshalb eine frühe professionell-differenzierte Reaktion auf „aggressive Akte" vonseiten der Erwachsenen besonders wichtig ist.

Anfangs brauchen Kinder in Kitas oder in der Tagespflege angesichts ihres unterschiedlichen Entwicklungsstandes und ihrer durchaus voneinander abweichenden Vorerfahrungen eine zugewandt-professionelle und vor allem beruhigende Begleitung, die primär lösungsorientiert sein sollte. Die Message heißt: Es gibt viele Gründe für Konflikte, aber immer muss eine Lösung gefunden werden, die es möglich macht, sich wieder zu beruhigen, vielleicht sogar gemeinsam weiterzuspielen.

Gibt es mehrere aktive Akteure, gibt es auch immer mehrere Interessen, die keineswegs zusammenpassen müssen! So entstehen gerade zwischen besonders engagierten Kindern häufig Konflikte, die schwierig sein können, aber zu einer Gruppensozialisation ganz selbstverständlich dazugehören. Konflikte sind wesentliche Bestandteile der Persönlichkeitsbildung; es geht darum, etwas Verteidigungswertes zu erkämpfen. Konflikte sind extrem häufig das Resultat einer gemeinsam gestarteten Aktivität und stellen somit eine situationsübergreifend wichtige Erfahrung im Gruppenleben dar (siehe auch Seite 34ff.).

> Die Standard-Konfliktsituation in Kitas: Absichten, Ziele und begleitende Gefühle zumindest eines anderen Mitspielers können den jeweils eigenen Plänen und den damit verknüpften Empfindungen recht schnell – und keineswegs zu ignorieren – konträr gegenüberstehen.
>
> Um welche Fragen geht es in diesen Situationen?
> ▶ Kann nach dem Streit eine die Kontrahenten überzeugende Lösung gefunden werden?
> ▶ Gibt es im Kita-Alltag genügend gute Vorbilder für den Umgang mit Schwierigkeiten und deren Lösung, die es wert sind, im Konfliktgespräch, wenn nicht sogar in einem gemeinsamen Kreis angesprochen und benannt zu werden?
> ▶ Gibt es Verständnis und kompetente Begleitung für das Beantworten von eingeforderter Zuwendung und Regulationshilfe für beide Kontrahenten?
> ▶ Werden veränderte Reaktionsweisen der Kinder von den Fachkräften als Leistung gesehen und als Fortschritt klar benannt?
> ▶ Werden „unerwartet" erfolgreich verlaufene Aktionen häufig eher aggressiv agierenden Kindern ebenfalls positiv rückgespiegelt (was auch die anderen Kinder höchst interessant finden)?

Wie professionell ist unsere Begleitung von Stress- und Streitsituationen?

Folgende Fragen können helfen, die eigene Begleitung von Stress- und Streitsituationen im Team zu reflektieren:
▶ Werden die nicht aggressiven Aushandlungsversuche von sonst häufig aggressiven Kindern von uns Erwachsenen gesehen, benannt und wertgeschätzt?

- Wird auch einem aggressiven Kind wachsende Verantwortungsübernahme zugetraut?
- Werden ihm zunehmende Fähigkeiten und wachsende Bewältigung von anspruchsvollen Leistungsanforderungen signalisiert?
- Werden ihm Missverständnisse, fehlendes Wissen und Fehlhandlungen erklärt?
- Ist auch die Situation des aggressiv angegangenen Kindes ein Thema, damit sich das auslösende Kind in die Situation und Perspektive des „Opfers" hineinversetzen kann?
- Werden die Situation und Perspektive des aggressiven Kindes zu erklären versucht?
- Werden die Gefühle aller Kinder einfühlsam erfasst, reflektiert und sprachlich begleitet?

Meist fehlt es uns ein wenig an Selbstreflexion, wenn wir unsere Erstreaktionen nach einer aggressiven Handlung eines Kindes überprüfen. Jetzt ist fehlende Professionalität besonders ungünstig, weil das der Moment ist, in dem alle Kinder, wirklich alle(!), ihr Tun unterbrechen, die Ohren spitzen und genau zuhören, mit wem jetzt – warum? – was passiert.

Immer noch erfährt ein Besucher einer Einrichtung „unglaublich" schnell, dass ein Kind, dessen Name mit negativer Konnotation häufig fällt, mal wieder nicht lieb war, womöglich sogar „wieder böse war". Dass ein Kind sich „wieder böse verhalten hat", ist keineswegs ein besserer Kommentar. Sich böse verhalten haben ... und dann? Die Definition von „böse" beinhaltet den Aspekt, dass etwas gezielt, geplant – gegen alle Regeln – durchgeführt wurde, „aus böser Absicht". Damit ist eine bewusst durchgeführte, negativ zu bewertende Normabweichung gemeint, die einem Erwachsenen wohl ganz schnell das Recht zu geben scheint, mit Sanktionen und Null-Toleranz reagieren zu dürfen. So bleibt dem Kind wenig Raum für eine meist verzweifelte Erklärung (weshalb es so passiert ist ...) und schon gar nicht für eine Wiedergutmachung. Hinzu kommt, dass die Erwachsenen das Outgroup-Phänomen noch steigern können, indem sie stur keine Ausnahme von der Regel zulassen, die einem überforderten Kind eine Türe offenhalten würde, um etwas wieder in Ordnung zu bringen, weiter ein Gruppenmitglied zu bleiben und das nächste Mal vielleicht tatsächlich anders zu agieren.

Geht ein Konflikt zwischen zwei Kindern die ganze Gruppe etwas an?

Stenger und ihre Kolleginnen (2017) zeigen durch einen **Deutschland-Japan-Vergleich im Umgang mit Konflikten,** dass das Miteinander der Kinder in Konfliktsituationen durch sich klar unterscheidende Strategien der Fachkräfte unterstützt werden kann. Hinter diesen verschiedenartigen Strategien stehen völlig voneinander abweichende Lernziele, über die es sich lohnt, nachzudenken:

Die **japanische Frühpädagogik** geht davon aus, dass die Regelung eines Konfliktes an erster Stelle Sache der betroffenen Kinder ist, die aber achtsam von den Fachkräften beobachtet werden sollten. Dennoch wird ebenfalls berücksichtigt und unterstützt, dass ein Konflikt immer etwas mit der ganzen Kindergruppe zu tun hat und deshalb auch – im Sinne aller – höchst professionell begleitet werden muss. Nicht nur den Konflikt, sondern auch das Interesse und das Verhalten der anderen Kinder zu den beiden Kontrahenten haben die Pädagoginnen und Pädagogen aufmerksam im Blick.

Trotz dieser intensiven Begleitung jeder Konfliktsituation, fällt die bewusste Zurückhaltung der Fachkräfte bei der Beurteilung eines Streitanlasses auf, die mit pädagogischer Absicht „eine bestimmte Art von Aufmerksamkeit im Kontext des Gruppengeschehens erzeugt". Wird ein sich anbahnender oder bereits stattfindender Konflikt wahrgenommen, nähern sich die Fachkräfte dem Geschehen, gehen in der Nähe der streitenden Kinder in die Hocke und beobachten aus dieser Position den Ablauf und das Verhalten der darin involvierten Kinder. Aus dieser Perspektive können sie Zeuge des gesamten Konfliktbearbeitungsprozesses werden.

Durch das bewusst nicht direkte Einschreiten, sondern bevorzugte dezente und dennoch für alle sichtbare Beobachten der Gesamtsituation scheint eine Art besonderer Aufmerksamkeit für das Streitgeschehen und dessen Ablauf und Ausgang im Gruppengeschehen erzeugt werden zu können. Der Streit und seine Lösung werden für alle Kinder ein Thema! Es scheint allen wichtig zu sein, was hier passiert.

Das pädagogische Ziel der Beobachtung ist es nicht – wie zum Beispiel in Deutschland üblich –, die aus den Notizen und der nachfolgenden Auswertung des „Streitanlasses" nötig erscheinenden pädagogischen Konsequenzen zu erarbeiten. Es geht bei der Beobachtungsstrategie der japanischen Fachkräfte eher darum, dass durch das Beobachten der Situation eine Art von bewusster Aufmerksamkeit der ganzen Gruppe erzeugt wird. Dahinter steht der Gedanke, das Miteinander aller Kinder – der streitenden wie der den Streit „nur" beobachtenden Mädchen und Jungen – direkt in dieser herausfordernden Situation durch Unterstützung zu stärken.

Hier liegt eindeutig ein anderes Beobachtungsverständnis vor: die direkte Widerspiegelung einer soeben ablaufenden Situation, die jetzt bereits als akut wirkendes pädagogisches Mittel genutzt werden kann.

Wie wird der Prozess, mit Aggressionen klarzukommen, von den japanischen Pädagoginnen und Pädagogen konkret unterstützt? Es zeigt sich, dass Fachkräfte, die intensiv bestimmte Interaktionen beobachten, automatisch die Kinder in ihrer Nähe motivieren, das Streitgespräch der Kontrahenten ebenfalls aufmerksam im Blick zu behalten.

> Während bei der in Europa üblichen Art zu beobachten primär die Analyse des Konfliktes der involvierten Kinder im Mittelpunkt steht und meist nur die Erwachsenen sowie die beteiligten Kinder verantwortlich für eine Konfliktlösung sind, werden in japanischen Einrichtungen auch die beobachtenden Kinder als Konfliktbegleiter, wenn nicht sogar als potenzielle Konfliktlöser interessiert mit einbezogen.

Das Beobachten, das Im-Auge-behalten von Konflikten in der Kita ist nicht nur für die beteiligten Kinder wichtig, sondern auch für alle nicht direkt in das Geschehen involvierten Zuschauer (Hayashi & Tobin 2015). Genau jetzt, hier am Echtbeispiel, können Strategien zur Harmonieherstellung und zum Wiederaufbau einer erneuten Spielkooperation beobachtet und zum Nachahmen abgeschaut werden – ein Konfliktende, das ein Weiterspielen ermöglicht, ohne dass Fachkräfte ihrerseits aktiv-regulierend eingreifen.

7.
Was brauchen große Kinder an Regulationshilfe?

Viele Weltenwechsel haben die großen Kinder schon hinter sich gebracht – hoffentlich mit dem Gefühl, diese gut bewältigt zu haben. Für die meisten Mädchen und Jungen ist es das letzte Jahr im Kindergarten. Einige Kinder sind bereits im vergangenen Jahr eingeschult worden und kommen dennoch nach der Schule um die Mittagszeit in den Hort des Kindergartens und werden erst am Spätnachmittag nach Hause gehen. Beide Gruppen haben mit Wettkampf und Konkurrenz schon nahezu täglich, oft hautnah, Erfahrung. Von diesen Großen verlangen die Fachkräfte jetzt klare Anzeichen „erweiterter sozialer Kompetenz".

Die Altersgruppe zwischen sechs und neun Jahren stellt – angesichts ihrer beachtlichen individuellen Entwicklungsunterschiede und zumeist deutlich variierenden Sozialisationserfahrungen – eine echte Herausforderung für die verschiedenen Fachkräfte in Kitas und Horten dar. Gemeinsamer Auftrag der Einrichtungen ist eine jeweils möglichst passgenaue pädagogische Beantwortung und vielfältige Bildungsbegleitung einzelner Kinder oder Kindergruppen, deren Entwicklungsstand, trotz desselben Alters auf dem Papier, tatsächlich von der späten Kindheit über die Vorpubertät bis zur beginnenden Pubertät reichen kann.

Eine wichtige Voraussetzung hierfür ist die professionell gestaltete Beobachtung und vielfaltsorientierte Begleitung der Kinder in allen Situationen ihres Alltags in mindestens drei Lebenswelten: Elternhaus, Schule und Hort.

Individuelle Motivationsstärkung und eine auf das einzelne Kind und seine Entwicklungsdynamik passgenau abgestimmte, hoffentlich mitwachsende Anregungsvielfalt und eine sensible Regulationshilfe werden als erfolgreichste pädagogische Interventionsmöglichkeiten für diese heterogene Altersgruppe besonders in Sachen Impulskontrolle benannt.

Das Interesse eines Jungen oder eines Mädchens an einem anderen Kind kann in jedem Alter unterschiedliche Gründe haben, die von den Fachkräften gesehen und erkannt werden müssen. Kooperationswünsche werden häufig beobachtet, aber mindestens ebenso oft können Konkurrenzgefühle das Zusammenspiel antreiben oder auch aggressiv stören. Zusammentreffen und gemeinsame Aktionen laufen in der Altersgruppe der Großen eigentlich nie ohne Rivalität ab. Denn es ist das Alter der mehr oder minder aggressiven Wettkämpfe, mit immer derselben Fragestellung im Hintergrund: „Wer ist der Boss, die Bossin, und wo stehe ich in der Gruppenhierarchie?" – stets im Vergleich zu den anderen.

Deshalb ist es für die großen Kinder extrem wichtig, unterschiedliche Sozialisationserfahrungen in verschiedenen Gruppen machen zu können, weil damit die Wahrscheinlichkeit steigt, neben nicht vermeidbaren Niederlagen auch Erfolge an anderen Orten erleben zu können, die selbstverständlich von den Mitspielerinnen und Mitspielern beobachtet und vermerkt werden.

Natürlich werden Wettkampf und Konkurrenz von der Altersgruppe der großen Kinder als besonders herausfordernd erlebt. Gerade in altersübergreifenden Gruppen kann es eine echte Chance sein, eine realistische Einschätzung der eigenen Stärken und Schwächen oder einer eher beruhigenden Durchschnittspassung in verschiedenen Disziplinen rückgespiegelt zu bekommen.

> Auf den ersten Blick geht es natürlich immer um Wettkampf, um Konkurrenz und um den wichtigen Sieg, und so natürlich manchmal auch um das Verkraften einer frustrierenden Niederlage:
> „Soll ich dir was für dich Wichtiges sagen?", fragte mich ein sechsjähriger Junge bei einer Begehung des Außengeländes seiner Einrichtung. Auf mein „Ja, aber gerne!" sagte er: „Sprech´ den Timo heute lieber net an, der hat beim Wettrennen gegen den Bruno wieder verlorn. Des verkraft´ der net!"
> Der Junge hat verstanden, dass ich, falls ich Timo auf seine Niederlage ansprechen würde, eine aggressive Handlung auslösen könnte, wovor er mich, vielleicht sogar die ganze Gruppe schützen will.

Das aktuell gezeigte Verhalten eines Kindes in anspruchsvollen Situationen wird von all seinen bisherigen Konflikterfahrungen in sozialen Gruppen – selbst erlebt oder „nur" beobachtet – mitgeprägt. Das gilt für seine Erfahrungen mit Herausforderungen in der Familie, in der Krippe, in der Kita, der Schule, dem Hort, dem Sportverein und dem Ferienlager. Dieser Befund ist der Grund für einen klaren professionellen Auftrag an die pädagogischen Fachkräfte in frühen Bildungseinrichtungen:

Jedes Kind, auch ein häufig aggressives Kind, hat das Recht auf variantenreiche Bildungsanreize, genauso auf eine jeweils individuell angepasste und situationsabhängig unterschiedliche, aber auf jeden Fall immer unterstützende Regulationshilfe. Es geht um passgenaue pädagogische Begleitungsschritte, auch oder gerade in der Gruppenpädagogik.

7.1 Wie kommunizieren Fachkräfte eine gute Konfliktbegleitung?

Eine Fachkraft sitzt mit zehn Kindern in der Runde und spricht spontan eine von ihr am Vormittag in der Einrichtung beobachtete Situation an: „Ich habe heute Morgen beobachtet, dass Ben mitten ins Gesicht gegriffen wurde, was ihm wehgetan hat. Was kann ein Kind dagegen tun, was kann jeder von euch machen, wenn einem so etwas bei uns passiert?"
Die Kinder denken kurz nach und antworten:
▶ „Man kann zur Erzieherin gehen!"
▶ „Man kann auch schubsen!"

Auf den letzten Kommentar bezogen antwortet die Fachkraft: „Schubsen wollen wir hier nicht. Aber man kann ´Stopp´ sagen!"
Spontan illustrieren mehrere Kinder ihre Antwort mit einem eindeutigen Stoppsignal, das sie einzusetzen gelernt haben: die ausgestreckte Abwehrhand, eine angespannte Körperhaltung und einen zur Selbstverteidigung bereiten, ernsten Gesichtsausdruck.

„Könnte ihr das starke Stopp-Signal alle einmal machen und euch gegenseitig zeigen, wie das wirkt?", fragt die Erzieherin. Die Kinder sind unterschiedlich engagiert und couragiert dazu in der Lage. Ein Kind „winkt" zaghaft, ein anderes Kind lächelt sogar beim Stopp-Sagen schüchtern-freundlich.

Darauf wendet sich die Fachkraft nochmals an alle Kinder: „Denkt daran, wenn man etwas **wirklich nicht möchte,** wenn man möchte, dass der Andere mehr Abstand hält und einen nicht berührt, muss man klar und deutlich Nein sagen!

Lächeln darf man dabei auf keinen Fall! Warum wohl? Weil sonst das andere Kind denkt: ´Das meint der nicht ernst, der wird sich nicht wehren. Den kann ich in Ruhe weiter ärgern.´ Deshalb ist ganz wichtig: Das angreifende Kind muss genau merken, dass es, wenn es jetzt den Blödsinn weitermacht, dir zum Beispiel noch näherkommt, mit Folgen zu rechnen hat, da du dir das nicht gefallen lässt."

7.2 Aggressives Verhalten fordert uns Erwachsene heraus

Aggressives Verhalten der Kinder im letzten Kita-Jahr und der Hortkinder stellt eine große Herausforderung für pädagogische Fachkräfte dar. Das stimmt! Deshalb müssen wir die Anforderung der Großen, meist Kita-Profis, auch annehmen können. Es ist eine wichtige, mit Sicherheit eine der schwierigsten Aufgaben der Gruppenpädagogik, ein herausforderndes Kind in jedem Alter in seinen meist situationsübergreifenden, aggressiven Verhaltensäußerungen professionell zu begleiten. Die Herausforderung für die Fachkräfte liegt vor allem bei den großen Kindern darin, bereits in der aktuellen Situation – wenn es darauf ankommt – schnell und richtig zu reagieren und außerdem zukunftsorientiert das Kind dabei zu unterstützen, immer kompetenter beim Lösen von Konflikten zu werden. Doch das ist in einer Gruppenpädagogik keineswegs schon alles, denn gleichzeitig müssen die anderen Kinder vor der oft schwer einschätzbaren, aggressiven Reaktion geschützt werden.

Die Begleitung aggressiver Szenen ist eine Professionalisierungsaufgabe für alle Teammitglieder. Unsere Beobachtungen zeigen, dass auch die Leitungskräfte hinsichtlich dieser Aufgabe spezielle Qualifizierungen zur kompetenten Unterstützung aller über den Tag eingesetzten Fachkräfte erhalten sollten.

> Ein Vorschulkind erzählt: „In der Frühgruppe können wir ´Starterkinder´ jeden Tag die erste Stunde in einem anderen Raum der Kita mit dem Spielen beginnen. Das ist eigentlich das Tollste vom ganzen Tag, nein, von der ganzen Woche! Eine unserer Erzieherinnen ist schon in jedem Raum und begleitet uns, sodass es fast nie Krach gibt, auch nichts Fieses, da sie uns beim Problemlösen hilft, damit ein Spiel immer weitergehen kann."

Es braucht klare Statements vonseiten der Fachkräfte – so eindeutig wie möglich – im Hinblick auf das nicht zu akzeptierende Tun eines Kindes und der wieder stabilisierenden Unterstützung eines schnell verunsicherten und dann aggressiv handelndes Kindes. Aber genauso wichtig sind die anerkennenden, zu häufig durch Zeitnot wegfallenden, wertschätzenden Kommentare der Fachkräfte zu den selbst gefundenen, wirklich guten, konfliktmindernden und ein gemeinsames Weiterspielen ermöglichenden Lösungen der größeren Kinder.

Diese Kommentare scheinen nahezu magische Wirkkraft ausüben zu können. Denn derartige wertschätzenden Zuwendungen, von allen anwesenden Kindern wahrgenommene positive Rückmeldungen, sind bedeutsam für mehr soziale Akzeptanz eines herausfordernden Kindes, das recht oft am Rand, wenn nicht sogar außerhalb der Gruppe steht. So wie die aggressiven Impulse im Kleinkindalter benannt wurden, sollte die zunehmende Impulskontrolle jetzt auch ein Thema sein. Doch nicht: „Ben kann sich jetzt viel besser beherrschen als früher!" Sondern: „Ben, deine gute Beherrschung in dieser schwierigen Situation heute Morgen, als alles drunter und drüber ging, habe ich wirklich bewundert!" (Ein nennenswertes Echtbeispiel!)

Je nachdem, welches Bild Erwachsene in Kitas und Schulen von einem bestimmten Kind in der Gruppenrunde kommunizieren, fließt dieses und die damit verbundene Haltung in die Wertschätzung des Kindes sowie in das Verhalten der gesamten Gruppe diesem Kind gegenüber ein.

Die professionelle Begleitung eines in schwierigen Gruppensituationen häufig wegen seiner fast schon zu erwartenden Aggressionen auffallenden Kindes ist eine echte pädagogische Herausforderung. Der Wichtigkeit dieser Aufgabe müssen wir uns bewusst sein! Denn unsere Form des Umgangs mit diesem Kind im gestressten Zustand, aber auch unser Schutz seiner Person, das Benennen seiner Ideen und Fähigkeiten und nicht zuletzt auch sein Schutz vor unprofessionellen Zuschreibungen durch Erwachsene werden von den anderen Kindern mit aufmerksamem Interesse wahrgenommen und „gespeichert".

Erst eine loyale Gesamtschau auf ein Kind kann ein bislang einseitiges Bild verändern und gerechter werden lassen. Mehr noch: Das überlegte Tun der Erwachsenen kann ihr eigenes Verhalten dem Kind gegenüber – besonders, wenn sie ihm in 1:1-Situationen gegenüberstehen – verändern und ihm eine bessere Form der Stressbegleitung ermöglichen.

> Reflektieren Sie nochmals im Team den zentralen Auftrag in der Gruppenpädagogik: Gibt es neben klaren Ansagen zu dem gewünschten Verhaltenskodex auch eine individuell angepasste Unterstützung und ebenso eine klar signalisierte Wertschätzung des Mädchens oder des Jungen in seinen „positiven Situationen"?

Nur unter dieser Voraussetzung können alle Seiten eines Kindes mit herausforderndem Verhalten von den anderen Gruppenmitgliedern zur Kenntnis genommen werden! Unser Umgang mit einem aggressiven Kind, unser Antwortverhalten ihm gegenüber werden immer auf den Umgang der anderen Kinder mit diesem im Fokus stehenden Kind Einfluss nehmen. Erwachsene tragen deshalb eine hohe Verantwortung – und das gilt in Bezug auf Kinder jeder Altersgruppe.

8.
Von Teams für Teams: Eine professionelle Begleitung aggressiven Verhaltens

Nicht nur in Ihrer Kita gibt es immer wieder ein Kind oder sogar mehrere, die häufig Schwierigkeiten mit ihrer Impulskontrolle haben. Und das in verschiedenen Situationen und „eigentlich überhaupt nicht erwartet"!

Aggressives Verhalten hat immer einen Grund

Jedes aggressive Verhalten hat einen Grund, der bei der professionellen Begleitung des Kindes und dem Versuch, ihm das Leben in der Kita leichter zu machen, mitbedacht werden muss.

Sind wir uns bei den Antworten auf die folgenden Fragen im Team einig?
- Interessieren wir uns für den Grund und Anlass einer aggressiven Handlung eines Kindes?
- Haben auch aggressive Kinder ein Recht „auf Schutz vor Übergriffigkeit"?
- Hat auch ein aggressives Kind das Recht, sich zu wehren?
- Wie stützen und unterstützen wir ein aggressives Kind?
- Wie helfen wir ihm wirklich beim Stressabbau?
- Darf sich auch ein häufig aggressives Kind auf unsere Unterstützung verlassen können?

Jesper Juul plädierte auf seinen Qualifizierungstagungen immer dafür, nach einem Fürsprecher bzw. einer Fürsprecherin für ein aggressives Kind im Team zu suchen. Diese „auserlesene" pädagogische Fachkraft weist das Gesamtteam dann zum Beispiel auf vollzogene Lernschritte hin und berichtet über bereits beobachtete gute Lösungsmodelle des Kindes in Stress-Situationen.

Es geht nicht darum, ein Wunder zu vollbringen! Es geht immer darum, die nächste Zone der Konfliktfähigkeit in den Blick zu nehmen, nicht bereits die übernächste. Das ist das aktuelle Ziel. Damit ist gemeint, wie wichtig es ist, schon ein feinfühliges zugewandtes Feedback zu ersten beobachteten Reaktionsveränderungen zu geben. Das bedeutet auch, klar zu benennen, was das Kind heute schon anders, „besser" gemacht hat.

Sind wir im Team bereit, auch einmal ein „gutes Wort" für ein häufig aggressiv auffallendes Kind einzulegen und seine situative Verzweiflung anzusprechen? Ist es uns möglich, mitunter sein Verhalten in bestimmten Situationen nachzuvollziehen? Wenn ja, müsste das **der** Impuls für Veränderungsideen sein und könnte eine Diskussion zu wichtigen Fragen anregen:
- Was hätte Marius in seiner Not anders machen sollen/können?
- Wie hätte er sein Problem sozialkompetenter lösen können?
- Und wie hätten wir ihn dabei unterstützen können?

Beobachtungsergebnisse weisen hin und wieder darauf hin, dass eine Konfliktlösung leichter zu finden wäre, wenn ein drittes oder viertes am Geschehen beteiligtes Kind hinzugezogen worden wäre. Das Kind hätte klären können, wie der Ablauf des Vorfalls gewesen war und welches weitere Problem in der ohnehin schon verzwickten Situation dann noch dazugekommen ist.

Worte finden in schwierigen Situationen

Es hat Modellcharakter für Kolleginnen und Kollegen im Team und für die beteiligten Kinder, wenn Fachkräfte sich ganz selbstverständlich bei einem Kind entschuldigen, dass sie seine Situation selbst falsch eingeschätzt haben. Sie entschuldigen sich, wenn sie so ein Kind fälschlich beschuldigt und voreilige Schlüsse gezogen haben oder nicht vorurteilsbewusste Reaktionen passiert sind. Meist ist „schuldig" oder „unschuldig" nicht eindeutig zu klären. Mitunter bietet es sich an, jemanden Dritten zur Klärung dazuzuholen!

Wenn wir wollen, dass ein Kind mit seinen aggressiven Impulsen immer häufiger klarkommt und vielleicht sogar mitunter eine von ihm als nicht ganz gerecht empfundene Notlösung akzeptiert, muss die Konfliktbegleitung durch die Fachkräfte wirklich professionell gewesen sein. Hier dürfen wir nicht kneifen und die Bearbeitung der schwierigen Situation nicht allein den Kindern überlassen.

„Knallstellen" und „Knallzeiten" im Blick haben

Erwachsene schwärmen im Rückblick auf ihre Kinderzeit gerne von einer Art „selbstbestimmtem Bullerbü"! Und dennoch bieten wir den Kindern einen vom Morgen bis zum Abend durchgetakteten und meist fremdbestimmten Tag an, ohne einen Blick auf die zu beobachtenden tagesaktuellen Interessen der Kinder zu werfen und sie – wenn möglich – bereits mit neuen Ideen zu füttern.

Haben wir unsere Knallstellen (Räume und Raumnutzung betreffend) und unsere Knallzeiten im Tagesablauf (selbstgemachte Hektik nach dem Motto „im Gleichschritt! Marsch!") im Blick und bereits für beide Stressanlässe eine erregungsabbauende Entzerrung vorbereitet?

Verantwortung übertragen und Entscheidungen überlassen

Die folgenden Formulierungen lassen Kinder und Jugendliche merken, dass sie nur wenig allein entscheiden dürfen:
- Wie oft habe ich dir schon gesagt …
- Ich erwarte von dir!
- Wir machen das so, und Schluss …

Die Pubertäts- und Jugendforschung zeigt, dass Jugendliche, die anerkannte Leistungen „erbringen dürfen", weniger zu Aggressionen neigen – in der Kita ist bereits ähnliches zu beobachten! Aber Vorsicht: Bei zu viel Leistungsdruck und zu wenig eigener Einflussnahmen kommt schnell stressige Konkurrenz auf, die wiederum Konflikte nach sich zieht.

Wie sieht es damit aus, im Kita-Alltag echte Pflichten übernehmen zu dürfen, eine echte Aufgabe zu bekommen, für etwas verantwortlich zu sein? Können die Kinder das Gefühl bekommen, Spezialist oder Spezialistin für etwas zu sein?

- Maria ist diese Woche verantwortlich für die Vorbereitung der Becher und Tassen zum gemeinsamen Frühstück.
- Wenn es heiß ist, gießt Mario jeden Tag die Setzlinge im Garten.
- Achmed hat die Leitung beim Radieschen setzen.
- Yolunda weiß viel über den Kartoffelanbau und kann die anderen dabei unterstützen.
- Elena ist in diesem Frühjahr am Aussäen der Kräuter und Blumen beteiligt und leitet die anderen Kinder an.

Die Kinder können mitverantwortlich sein für ein Theaterstück, für den Flohmarktverkauf, für Bilderbuchempfehlungen – sogar für die Umgestaltung eines Raumes, der einen neuen Schwerpunkt bekommen soll, weil es hier bisher häufig „geknallt" hat.

Kinder brauchen Raum, Zeit und Gelegenheit zur Vertiefung in unterschiedliche Themen. Sie sind begeistert von Kleingruppenarbeit, von der Beteiligung am Geschehen und dem Miterleben, dass die Fachkräfte zusammen mit ihnen den Mut haben, etwas wirklich Neues auszuprobieren. Die Bereitschaft der Fachkräfte, mit den Kindern gemeinsam zu lernen, zum Beispiel in thematisch vorbereiteten Umgebungen, die herausfordern und alle zum Partizipieren auffordern, wird durch das Engagement der Jungen und Mädchen belohnt.

Kindern liegt etwas an der Beziehung zu Gleichaltrigen

Peerkontakte und Freundschaften können Aggressionen senken, weil Kindern an der Beziehung und dem gemeinsamen Spiel etwas liegt. Eine der größten Entwicklungsaufgaben im Übergangsfeld von der Kindheit ins Jugendalter ist die Fähigkeit, sich in Gruppen zu integrieren, sogar gleichzeitig Mitglied in verschiedenen Gruppen sein zu können. Das bedeutet „automatisch", mitunter kooperieren zu wollen oder zu müssen wie auch untereinander zu konkurrieren.

Freundschaften definieren sich im Laufe der Zeit immer mehr über Ähnlichkeiten der Einstellungen und gemeinsame Interessen, aber auch über Akzeptanz, Vertrauen, über gespürte Echtheit beim gemeinsamen Agieren, über wechselseitige Bewunderung und „natürlich" erwartete Loyalität.

Freundschaften sind ein einzigartiges Lernfeld, um Kooperation zu erlernen und gemeinsam – vielleicht sogar arbeitsteilig – Konflikte zu lösen, Kompromisse einzugehen und auch den Standpunkt des anderen akzeptieren und tolerieren zu lernen, selbst wenn er von den eigenen Vorstellungen abweicht. Freundschaften dienen der Emotionsregulation und bieten Vielfaltserfahrungen.

In Freundschaften werden jeweils altersgemäße kognitive Regulationsstrategien eingesetzt – immer, um mehr zusammen machen zu können, damit dem gemeinsamen Tun nicht zu viele Emotionen im Weg stehen. Natürlich kann das nicht immer klappen! Doch werden bei Kindern mit zunehmender Selbstregulation Vermeidungsstrategien und aggressionsbezogene Strategien im Gruppengeschehen seltener, als dies in den Jahren zuvor noch zu beobachten war.

Im Alter zwischen sechs und dreizehn Jahren entscheidet sich weitgehend, wie emotional reich und differenziert oder wie gefühlsmäßig arm, oberflächlich und einseitig ein Mensch wohl werden wird (Enderlein 2019). Eine eher erschreckende Aussage, die die Bedeutung einer guten Emotionsbegleitung – und damit unsere Verantwortung – nochmals besonders hervorhebt.

Erwachsene tragen die Verantwortung: Die Klarheit im Benennen von Gefühlen entwickelt sich parallel zu den während der Kindheit erlebten verbalen Zuschreibungen und Spiegelungen von Gefühlszuständen durch die familiären wie auch außerfamiliären Bezugspersonen.

Die Entwicklung eines gesunden Selbstwertgefühls unterstützen

Eine realistische Wahrnehmung eigener Fähigkeiten nimmt bei den meisten Kindern gegen Ende der Kindergartenzeit schnell zu, allerdings auch mit der nicht erfreulichen Einsicht, unter vermuteten Leistungsmängeln zu leiden. Sich nicht selbst beherrschen zu können, häufig auszuflippen und zum Außenseiter zu werden, lässt manche Kinder verzweifeln, was ihre Probleme – wenn keine kompetente Unterstützung zur Verfügung steht – noch potenziert.

Für die Entwicklung eines gesunden Selbstwertgefühls und eines von ihm selbst zu regulierenden Emotionshaushaltes sollte ein Kind seine Stärken auch außerhalb von Kita- und Schulleistungen kennenlernen und bereits vielfältig in der Familie kennengelernt haben. Denn von ihm wird als „großes Kind" erwartet, mit seinen Schwächen, vor allem aber mit seinen Aggressionen „zivilisiert" umgehen zu können. Jetzt geht es um die Motivation, diese Schwächen engagiert anzugehen und an sich zu arbeiten.

Das Selbstwertgefühl eines Kindes, sein kontrollierter Umgang mit Aggressionen, somit seine Konfliktfähigkeit, ja seine Compliance, sind Fähigkeiten, die in allen Formen der Gruppenkonstellationen erwartet, wenn nicht sogar vorausgesetzt werden und häufig über das Verhalten anderer, die Beziehungen zu ihnen definiert werden.

Extrem spannend: Kinder, die viel im Freien sind, zum Beispiel in Wald- und Feldkindergärten, also häufig in einer komplexen, abwechslungsreichen, möglichst wenig vorstrukturierten Umwelt agieren, entwickeln sich nicht nur gesünder, sondern sind auch weniger verletzungsanfällig. Sie können sich selbst dauernd erproben und stehen vor vielfältigen Herausforderungen, um ein gutes Körpergefühl im Einklang mit ihren Emotionen zu entwickeln. Bewegungssicherheit kann nur durch Übung und das Bewältigen von Risikosituationen erlernt werden.

Immer noch ähneln sich die Vorstellungen traditioneller Geschlechterrollen weltweit mehr, als dass sie sich zum Wohl eines „Auf-seine-Art-Mädchen-sein" oder „Auf-seine-Art-Junge-sein" unterscheiden. Werden Kinder schon früh, ihre Individualität missachtend, an eines der beiden engen Geschlechterklischees angepasst erzogen, kann nur durch ein bewusstes Aufbegehren ein individueller Lebensweg erkämpft werden.

Literatur

Armbrust, J.; Savvidis, M. & Schock, V. (2012): Konfliktfelder in der Kita. Göttingen: Vandenhoeck & Ruprecht.

Bauer, J. (2012): Wie wir werden, wer wir sind. München: Blessing.

Bischof-Köhler, D. (2011): Soziale Entwicklung in Kindheit und Jugend. Bindung, Empathie, Theory of Mind. Stuttgart: Kohlhammer.

Brandes, H. (2016): Geschlechtsspezifische Ansätze sollten Kindern das Recht zugestehen, selbst ihre Position in einer auch hinsichtlich Geschlechterbildern immer heterogeneren Gesellschaft zu finden. Frühe Kindheit 4, 48–51.

Dieterich, J. (2012): Hat die soziale Kompetenz von Kindern einen Einfluss auf ihr Konfliktverhalten? Eine empirische Untersuchung in Kindergärten. Theorie und Praxis in der Sozialpädagogik 6, 36–37.

Dittrich, G.; Dörfler, M. & Schneider, K. (1997): „Am liebsten hätt' ich keine". Konflikte unter Kindern. Erzieherinnen berichten aus ihrem Alltag. München: Deutsches Jugendinstitut (DJI).

Dittrich, G.; Dörfler, M. & Schneider, K. (2001): Wenn Kinder in Konflikt geraten. Eine Beobachtungsstudie in Kindertagesstätten. Neuwied: Luchterhand.

Dreier, A. & Preissing, J. (2004): PONTE – Kindergärten und Grundschulen auf neuen Wegen. Teil II: Ergänzende Materialien. Berlin: Internationale Akademie, INA gemeinnützige Gesellschaft für innovative Pädagogik, Psychologie und Ökonomie an der Freien Universität Berlin.

Enderlein, O. (2019): Lebenserfahrung in der Gruppe sammeln. Klasse Kinder! Schulkindbetreuung in Kita, Hort und Grundschule. 4, 18–21.

Evanschitzky, P. (2017): Hallo Welt! Wie Kinder Beziehungen aufbauen und was sie dafür von ihrer Erzieherin oder ihrem Erzieher brauchen. TPS Spezial 2, 48–51.

Evanschitzky, P. (2019a): Übergang systemisch. Ein Veränderungsprozess mit vielen Facetten. Betrifft KINDER 05-06, 16–19.

Evanschitzky, P. (2019b): Raus aus dem Entweder-Oder. Zum Umgang mit Tagesstrukturen. Theorie und Praxis der Sozialpädagogik 6, 44–47.

Fischer, S. (2012a): Selbstvertrauen durch Kompetenzerfahrung. Schützende Faktoren im Kita-Alltag fördern. Kleinstkinder in Kita und Tagespflege 1, 10–13.

Fischer, S. (2012b): Resilienzförderung in Kindertageseinrichtungen. In: K. Fröhlich-Gildhoff, J. Becker & S. Fischer (Hrsg.): Gestärkt von Anfang an. Resilienzförderung in der Kita. Weinheim/Basel: Beltz, S. 41–55.

Focks, P. (2007): Typisch Mädchen? Wie Mädchen in Familie und Kindergarten unterstützt werden können. Frühe Kindheit 2, 22–25.

Focks, P. (2016): Starke Mädchen, starke Jungen. Genderbewusste Pädagogik in der Kita. Freiburg: Herder.

Fröhlich-Gildhoff, K.; Rönnau-Böse, M. & Tinius, C. (2017): Herausforderndes Verhalten in Kita und Grundschule. Erkennen, Verstehen, Begegnen. Stuttgart: Kohlhammer.

Griebel, W. & Niesel, R. (1998): Ein Kind wird zum Kindergartenkind – ein Übergang für die ganze Familie. In: A. Krenz & K. Schüttler-Janikulla (Hrsg.): Handbuch für Erzieherinnen 12. München: Olzog, S. 1–14.

Gugel, G. (2016): Handbuch Gewaltprävention in der Kita. Grundlagen – Lernfelder – Handlungsmöglichkeiten. Freiburg: Herder.

Gutknecht, D. (2012): Bildung in der Kinderkrippe. Wege zur Professionellen Responsivität. Stuttgart: Kohlhammer.

Gutknecht, D. (2015): Wenn kleine Kinder beißen. Achtsame und konkrete Handlungsmöglichkeiten. Freiburg: Herder.

Gutknecht, D. & Kramer, M. (2018): Mikrotransitionen in der Kinderkrippe. Übergänge im Tagesablauf achtsam gestalten. Freiburg: Herder.

Haug-Schnabel, G. (2009): Aggression bei Kindern. Praxiskompetenz für Erzieherinnen. Freiburg: Herder.

Haug-Schnabel, G. (2012) Der Umgang mit Aggression ist eine Entwicklungsaufgabe. Konflikte sind Teil der Kooperation – nicht ihr Gegensatz. In: A.M. Kalcher & K. Lauermann (Hrsg.): Die Macht der Aggression. Wien: G&G, S. 47–65.

Haug-Schnabel, G. (2020): Kooperation & Konkurrenz. Zwei unterschiedliche Energien im Spiel von Kindern. Unsere Kinder 1, 4–9.

Haug-Schnabel, G. & Bensel, J. (2015): Häufigkeiten, Ursachen und Entwicklungstendenzen von Aggression und Gewalt in Kitas. In: W. Melzer et al. (Hrsg.): Handbuch Aggression, Gewalt und Kriminalität bei Kindern und Jugendlichen. Bad Heilbrunn: Julius Klinkhardt, S. 250–255.

Haug-Schnabel, G. & Bensel, J. (2017a): Grundlagen der Entwicklungspsychologie. Die ersten 10 Lebensjahre. 12. vollständig überarb. und deutl. erweit. Aufl. Freiburg: Herder.

Haug-Schnabel, G. & Bensel, J. (Hrsg.) (2017b): Offene Arbeit in Theorie und Praxis. kindergarten heute – wissen kompakt. Freiburg: Herder.

Haug-Schnabel, G.; Bensel, J. & Fischer, S. (2020): Stark fürs Leben. Was Kinder über 4 in der Kita wissen wollen. Freiburg: Herder.

Haug-Schnabel, G. & Wehrmann, I. (Hrsg.) (2012): Raum braucht das Kind. Anregende Lebenswelten für Krippe und Kindergarten. Berlin: verlag das netz.

Hayashi, A. & Tobin, J. (2015): Teaching Embodied: Cultural Practise in Japanese Preschools. Chicago: University of Chicago Press.

Kain, W.; Bukovics, M.; Edtinger, B.; Reithmayr, S. & Scharf, M. (2006): KLIK – Konflikte lösen im Kindergarten. Berlin: Cornelsen.

Keller, H. (2016): Zu jung für die Kita? – Chancen (und Risiken) einer frühen außerfamiliären Betreuung. Kleinstkinder in Kita und Tagespflege 7, 6–9.

Kinnell, G. (2008): No biting. Policy and practice for toddler programs. Yorkton Court.

Klein, L. (2014): Regeln zwischen Lernmöglichkeiten und Beziehung. Eine Pädagogik der Gleichwürdigkeit. Theorie und Praxis der Sozialpädagogik 1, 12-14.

Klein, L. (2015): Regeln und Grenzen im Alltag mit Kindern. Ein Plädoyer für mehr Gelassenheit. Seelze: Klett/Kallmeyer.

Kollmann, I. (2015): Hauen, beißen, sich vertragen. Umgang mit aggressivem Verhalten 0–3-Jähriger in der Kita. Berlin: Cornelsen.

Landschaftsverband Rheinland (LVR) (2019): Kinderschutz in der Kindertagesbetreuung. www.lvr.de/media/wwwlvrde/jugend/kinderundfamilien/tageseinrichtungenfrkinder/dokumente_88/Broschure_Kinderschutz_27.05.2019.pdf.

Marinovic, V. & Pauen, S. (2012): Wie Kinder sich in Andere einfühlen können. Entwicklung einer Theory of Mind. Theorie und Praxis der Sozialpädagogik 2, 34-37.

Melzer, W.; Hermann, D.; Sandfuchs, U.; Schäfer, M.; Schubarth, W. & Daschner, P. (2015): Handbuch Aggression, Gewalt und Kriminalität bei Kindern und Jugendlichen. Bad Heilbrunn: Julius Klinkhardt.

Ravens-Sieberer, U.; Bichmann, H. & Klasen, F. (2012): Verhaltensauffälligkeiten und psychische Probleme bei Kindern und Jugendlichen in Deutschland. Ergebnisse der BELLA-Studie. Frühe Kindheit 6, 26–31.

Rauh, H. (2008): Vorgeburtliche Entwicklung und frühe Kindheit. In: R. Oerter & L. Montada (Hrsg.): Entwicklungspsychologie. Weinheim: Beltz PVU, S. 131–208.

Renz-Polster, H. & Hüther, G. (2016): Wie Kinder heute wachsen. Natur als Entwicklungsraum. 4. Aufl. Weinheim: Beltz.

Sarimski, K. (2019): Kinder mit Verhaltensauffälligkeiten in der Kita. München: Ernst Reinhardt.

Schneider, K. & Wüstenberg, W. (2014): Was wir gemeinsam alles können. Beziehungen unter Kindern in den ersten drei Lebensjahren. Berlin: Cornelsen.

Simoni, H.; Herren, J.; Kappeler, S. & Licht, S. (2008): Frühe soziale Kompetenz unter Kindern. In: T. Malti & S. Perren (Hrsg.): Soziale Kompetenz bei Kindern und Jugendlichen. Entwicklungsprozesse und Förderungsmöglichkeiten. Stuttgart: W. Kohlhammer, S. 15–34.

Sodian, B. (2011): Theory of mind in infancy. Child Development Perspectives 5 (1), 39–43.

Stenger, U.; Konz, J.; Dam, L.; Füchtey, L.; Huemer, A.; Kramer, V.; Witt, J. & Yörük, S.C. (2017): Frühkindliches Bildungssystem und Bildungsforschung in Japan. www.kita-fachtexte.de/de/fachtexte-finden/fruehkindliches-bildungssystem-und-bildungsforschung-in-japan.

van Dieken, C. (2015): Was Krippenkinder brauchen. Bildung, Erziehung und Betreuung von Kindern unter 3 Jahren. Freiburg: Herder.

Wahl, K. (2007): Vertragen oder Schlagen? Biografien jugendlicher Gewalttäter als Schlüssel für eine Erziehung zur Toleranz in Familie, Kindergarten und Schule. Berlin: Cornelsen.

Kinder über 4 in der Kita

**Gabriele Haug-Schnabel /
Joachim Bensel / Sibylle Fischer
Stark fürs Leben**
Was Kinder über 4 in der Kita wissen wollen
160 Seiten | Kartoniert
ISBN 978-3-451-37788-4

Mit 4-6 Jahren entwickelt sich die Grundhaltung des Kindes der Welt gegenüber noch einmal deutlich weiter. Das Buch stellt anschaulich dar, welchen Stand Kinder über 4 in ihren sozio-emotionalen und kognitiven Entwicklungsbereichen haben und welche vielfältigen Chancen sich im Kita-Alltag bieten, die Kinder zu begleiten und zu fordern, um ihre Lebenskompetenzen zu erweitern.

In jeder Buchhandlung!

HERDER

www.herder.de

Die ersten zehn Jahre

**Gabriele Haug-Schnabel / Joachim Bensel
Grundlagen der Entwicklungspsychologie**
Die ersten 10 Lebensjahre
184 Seiten | Kartoniert
ISBN 978-3-451-32960-9

Das Buch behandelt die neuesten Erkenntnissen von Entwicklungs- und Kulturpsychologie, Hirn- und Resilienzforschung. Dabei wird stets ein Bezug zum pädagogischen Alltag hergestellt und erläutert, welche Bedingungen Entwicklung beeinflussen und wie auf die speziellen Entwicklungsbedürfnisse der Kinder eingegangen werden kann.

In jeder Buchhandlung!

HERDER

www.herder.de

Kinder stark machen

Maike Rönnau-Böse /Klaus Fröhlich-Gildhoff
Resilienz im Kita-Alltag
Was Kinder stark und widerstandsfähig macht
112 Seiten | Kartoniert
ISBN 978-3-451-38661-9

Die kindliche Widerstandsfähigkeit in Kitas zu fördern, ist heute wichtiger denn je. Dabei zeigen die Autoren praxisnah und anhand von vielen Beispielen, was genau Resilienz bedeutet, welches die empirisch nachgewiesenen Schutzfaktoren sind und welche Förderprogramme nachweislich helfen, um die Stärken der Kinder wahrnehmen und fördern zu können.

In jeder Buchhandlung!

HERDER

www.herder.de

Kita-Kinder schützen

Jörg Maywald
Kindeswohl in der Kita
Leitfaden für die pädagogische Praxis
144 Seiten | Kartoniert
ISBN 978-3-451-37933-8

Durch ihren täglichen Kontakt mit Kindern und ihren Familien können pädagogische Fachkräfte besonders früh erkennen, ob ein Kind gefährdet ist. Bei dieser zentralen und gleichzeitig schwierigen Aufgabe hilft dieser praxisnahe Leitfaden mit zahlreichen Hinweisen zur Beobachtung und Dokumentation von Kindeswohlgefährdung, zur Gesprächsführung mit betroffenen Kindern und Eltern und zur wirkungsvollen Prävention.

In jeder Buchhandlung!

www.herder.de

Kinderrechte verwirklichen

Jörg Maywald
Kinderrechte in der Kita
Kinder schützen, fördern, beteiligen
160 Seiten | Kartoniert
ISBN 978-3-451-34850-1

Im Mittelpunkt der Kita muss das Kind mit seinen Rechten und Bedürfnissen stehen. Was aber heißt das, eine Kita konsequent vom Kind her zu denken? Welche Rechte haben Kinder? Und was bedeutet der Vorrang des Kindeswohls? Zahlreiche Praxisbeispiele und Erklärungen zeigen, wie die Umsetzung des Kinderrechtsansatzes gelingt.

In jeder Buchhandlung!

www.herder.de

Kinder in der Gemeinschaft stärken

Simone Pfeffer
Sozial-emotionale Entwicklung fördern
Wie Kinder in der Gemeinschaft stark werden
128 Seiten | Kartoniert
ISBN 978-3-451-37803-4

Das Buch beleuchtet die zentralen Themen der sozial-emotionalen Entwicklung von Kindern zwischen 2 und 6 Jahren. Es bietet konkrete Hilfen für den Umgang mit Konflikten und vielfältige Anregungen, wie pädagogische Fachkräfte die Kinder darin unterstützen können, ihren Platz in der Gruppe zu finden und sich zu selbstbewussten und sozial kompetenten Persönlichkeiten zu entwickeln.

In jeder Buchhandlung!

HERDER

www.herder.de

Herausforderndes Verhalten

Maja Nollau
Kinder mit herausforderndem Verhalten
Ein heilpädagogisches Handlungskonzept
176 Seiten | Kartoniert
ISBN 978-3-451-38786-9

Das Buch zeigt anhand zahlreicher Praxisbeispiele auf, welche Bedeutung gelingende Beziehungserfahrungen, qualifiziertes Personal, individuelle Begleitung, begünstigende Rahmenbedingungen und eine frühzeitige Unterstützung für die kindliche Entwicklung und insbesondere für die Arbeit mit Kindern mit herausforderndem Verhalten haben.

In jeder Buchhandlung!

www.herder.de